Sabine Hirler

Mit Rhythmik durch die Jahreszeiten

Sabine Hirler

Mit Rhythmik durch die Jahreszeiten

HERDER

FREIBURG · BASEL · WIEN

Hinweis:

Der Einfachheit halber wird in diesem Buch immer von »der Pädagogin« gesprochen. Die männlichen Kollegen mögen sich jedoch bitte genauso angesprochen fühlen.

Zu diesem Buch ist der Tonträger »Schlaumax in Rasselprasselhausen« bei Jumbo Neue Medien erschienen. Dieser Tonträger enthält alle Lieder, Tänze und Reime.

Gedruckt auf umweltfreundlichem, chlorfrei gebleichtem Papier

Umschlagkonzeption und Gestaltung:
R·M·E Roland Eschlbeck / Rosemarie Kreuzer
Umschlagfoto: Hartmut W. Schmitt, Freiburg
Illustrationen: Ines Rarisch, Düsseldorf

www.herder.de

Satz und Gestaltung: Büro MAGENTA, Freiburg
Druck und Bindung: fgb · freiburger graphische betriebe 2004
www.fgb.de

ISBN 3-451-28260-7

Theoretische Grundlagen und Erläuterungen

Inhalt

Einleitung

■ In allen Kulturen der Welt gibt es dasselbe Phänomen: Begeisterte Kinder, die zu einem Lied mit elementarer Lebensfreude tanzen und singen. Die Faszination, die von Musik und Tanz ausgeht, ist unabhängig von Lebensalter, Intelligenz und Kulturkreis, ja sogar von Wahrnehmungsdefiziten und Behinderungen. Der Mensch lässt sich von Musik emotional »fesseln« und bewegt sich gerne rhythmisch dazu, auch wenn es vielleicht nur mit dem großen Zeh ist!

Bereits vor der Geburt erlebt das Kind Wiegebewegungen und die Stimme der Mutter und so ist es keineswegs verwunderlich, dass Streicheln, Wiegen und Singen in den ersten Jahren der Kindheit die besten Beruhigungsmittel sind. Im Kindergartenalter gewinnen dann komplexere Spiele mit Musik und Bewegung zunehmend an Bedeutung.

Musisch-ästhetische Erziehung ist einer der wichtigsten Erziehungsbereiche. Jede Pädagogin, die einmal Spiele mit Musik und Bewegung angeboten hat, wird dies immer wieder tun. Warum? Der Grund ist ganz einfach: Weil die Kinder sehr viel Spaß haben und gleichzeitig zahlreiche sensorische, emotionale und soziale Fähigkeiten gefördert werden.

Jedoch sind Musik, Spiel und Tanz nicht nur aus entwicklungspsychologischer Sicht wichtig, sie stellen vielmehr auch einen wesentlichen kulturellen Baustein jeder Kindheit dar. Die Identifikation mit der eigenen Kultur und ihren typischen Kinderliedern ist für das Selbstbild und für die Integration der Kinder von nicht zu unterschätzender Bedeutung. Wer sich als Erwachsener nicht an das Spielen und Singen, beispielsweise von »Dornröschen war ein schönes Kind« oder »Fuchs du hast die Gans gestohlen«, zurückerinnern kann, dem fehlt vermutlich ein Stück freudig erlebte und Geborgenheit ausstrahlende Kindheit. Unter diesen Gesichtspunkten könnten wir sogar fast schon von einem »Grundrecht auf altersentsprechende musisch-ästhetische Förderung« sprechen. Dazu gehören aber nicht nur Lieder und Reime des eigenen Kulturkreises, sondern auch aus anderen Ländern. Denn Auseinandersetzung mit Fremdem ist eine grundlegende Voraussetzung, sich mit dem »Eigenen« zu identifizieren.

Engagierte Pädagoginnen, die um die Bedeutung von Liedern, Tänzen, Reimen und Wahrnehmungsspielen mit Musik und Bewegung wissen, werden immer wieder rhythmisch-musikalische Spiel- und Förderangebote in ihrer Einrichtung machen. Und dazu braucht es noch nicht einmal große musikalische Kompetenzen! Zum einen können musikalische Defizite durch pädagogische Kompetenz ausgeglichen werden, zum anderen entdecken Pädagoginnen in der Aktion mit den Kindern bei sich selbst oft ungeahnte musikalische Ressourcen.

Und das Tollste an der Rhythmik: Sie bietet für jeden etwas, da sie ein ganzheitliches Unterrichtsprinzip ist. Jede Pädagogin kann die Inhalte umsetzen, die ihr besonders am Herzen liegen.

Rhythmik – eine ganzheitliche Musik- und Bewegungserziehung

■ Musik, Bewegung, Sprache und Medien (Instrumente, Materialien) – das sind die methodischen Grundpfeiler der rhythmisch-musikalischen Erziehung, kurz »Rhythmik« genannt. Rhythmische Spielformen, die eine Kombination aus verschiedenen Methoden mit Musik, Sprache und Bewegung sind, regen auf spielerische Weise die taktil-kinästhetische, propriozeptive, auditive und visuelle Wahrnehmung an und fördern u.a. die sensorische Integration.

Rhythmisch-musikalische Spiel- und Förderangebote zeichnen sich dadurch aus, dass sie multimedial sind. Das heißt, dass ein Lied oder Reim nicht nur gesungen bzw. gesprochen wird, sondern durch vielfältige, ergänzende Methoden, zum Beispiel mit Material und Instrumenten, zu einer Wahrnehmungs- und Sprachförderungsübung mit allen Sinnen wird. Durch Wiederholung und Variation der Spiel- und Förderangebote wird die Erinnerung an Bewegungsabläufe (Kinästhesie/Propriozeption) und zugleich das sprachliche, räumliche und auditive Gedächtnis gefördert. Dies ist die Basis für den weiteren Verlauf der Förderangebote. Denn in der Sicherheit der variierbaren Wiederholung entfaltet sich ein Kind innerhalb seiner jeweiligen Entwicklungsdisposition am besten.

Die Vorgehensweisen in der Rhythmik sind jedoch nicht nur multimedial, sie sind ebenso multimodal. Innerhalb eines Rhythmikangebotes ist es wichtig, verschiedene Methoden in gegensätzlichen Modalitäten, wie zum Beispiel Ruhe und Bewegung oder Gruppe und Solo, anzubieten. Diese Abwechslung wirkt ausgleichend und es werden Erfahrungsfelder wie Kommunikation, Interaktion, Fantasie, Kreativität, Flexibilität, Sensibilisierung etc. auf der natürlichen Grundlage von rhythmischen Prozessen erlebt. Dies ermöglicht den Kindern ein harmonisches Agieren und Reagieren, und zwar jenseits von Übungsstress. Wichtig ist, dass sich aus den Spielsituationen neue Varianten entwickeln, da dieser Prozess in besonderem Maße die Selbstbildungskräfte des Kindes stärkt und seine Intelligenz und Persönlichkeit fördert.

Pädagogische Voraussetzungen

■ Die Rhythmische Erziehung erwartet von der Pädagogin verschiedene Grundkompetenzen: Es gilt, interaktive, kreative Prozesse zu leiten und zu begleiten und sowohl die augenblickliche wie auch die gesamte Gruppensituation zu reflektieren. Ebenso sind Spiel- und Förderangebote nach Bedarf umzuleiten oder zu verwerfen, auf die Ideen der Kinder muss eingegangen werden, neue Impulse sind zu setzen. Werden diese Interaktionen zum richtigen Zeitpunkt in der richtigen Methode und Modalität eingesetzt, so entstehen wahre Sternstunden der Rhythmik. Das Handwerkszeug hierzu sind elementare Grundfähigkeiten in Musik und Bewegung, vor allem aber ein gutes Gefühl für gruppendynamische Prozesse.

Warum Rhythmische Erziehung im Kindergarten?

■ In der Rhythmisch-musikalischen Erziehung verschmelzen Musik und Bewegung zu einem komplexen Spiel- und Förderangebot, das – kindgerecht angeboten – die Kinder in vielschichtiger Weise fördert. Vor allem im Kindergartenalter, wenn die Kinder noch mit Leib und Seele in Rollen schlüpfen, sprechen die thematischen Angebote in den »Rhythmischen Spielkomplexen« (wie im Praxisteil dieses Buches enthalten) die Kinder emotional stark an. Und ohne diese emotionale Beteiligung ist eine innere und äußere Teilnahme in Form von Aufmerksamkeit, Reflexion, kreativen Äußerungen in Musik, Sprache und Bewegung nicht möglich. Dies ist umso bedeutender, je jünger die Kinder sind. Ein thematischer Rahmen erleichtert es der Pädagogin zudem sehr, anspruchsvolle Spiel- und Förderangebote mit den Kindern durchzuführen. Die Spiel- und Förderangebote in diesem Buch sind so gestaltet, dass jedes Kind darauf reagieren kann, völlig unabhängig vom Stand seiner Entwicklung. Die Kinder haben dadurch das Gefühl, dass sie grundlegend so akzeptiert werden, wie sie sind. Sie können sich also ohne Stress kreativ und fantasievoll auf die Spiel- und Förderangebote einlassen und diese auf vielen Sinnesebenen verarbeiten.

Gleichzeitig bieten Rhythmikangebote die Möglichkeit, Projektinhalte zusätzlich über den musisch-ästhetischen Bereich erfahrbar zu machen. So erhalten die Kinder erweiterte Bildungsangebote, die die schon erfahrenen Situationen und das bestehende Wissen mit Musik, Bewegung, Materialien und Sprache sowie durch die Ansprache aller Sinne miteinander verbinden und weiter verknüpfen.

Grundlegende methodisch-didaktische Vorgehensweisen der Rhythmik im Kindergarten

Bewertungsfreiheit und Akzeptanz

Im Rhythmikunterricht steht nicht in erster Linie die Vermittlung von kognitiven Inhalten im Vordergrund. Es geht vielmehr darum, den Teilnehmern zu ermöglichen, die im Unterricht entwickelten Fähigkeiten durch interaktive Prozesse in ihre Persönlichkeit zu integrieren. Dies können beispielsweise Fortschritte in Sozialverhalten, Konzentrationsfähigkeit, Motorik, Fantasie, Kreativität und Sprachentwicklung sein. Aus diesem Grund gilt in der Rhythmik eine wichtige pädagogische Prämisse, und zwar die, dass die Kinder von dort abgeholt werden, wo sie stehen.

Das heißt in der Praxis, dass die Kinder im Rhythmikunterricht nicht bedrängt werden, etwas »richtig« zu machen. Es wird die persönliche und spontane Umsetzung des Spieles oder der Aufgabe akzeptiert. Dadurch hilft die Pädagogin dem Kind, seine persönliche Kreativität und

Fantasie in musikalischen und motorischen Ausdrucksformen hör- und sichtbar zu machen.

So wird in hohem Maße das natürliche Lernverhalten der Kinder, ihre Persönlichkeitsbildung und die Stärkung ihres Selbstvertrauens unterstützt; stressfreies Lernen ist möglich.

Jedoch steht bei aller »Freiheit« im Rhythmikunterricht außer Frage, dass sich die Pädagogin mit den Kindern innerhalb eines festen Rahmens bewegt. Dieser wird nicht nur durch das thematische Aufgabenangebot gesteckt, sondern auch durch das Nichtakzeptieren von Verhaltensformen, die andere Kinder gefährden – sei es psychisch oder physisch.

Kindgerechte emotionale Ansprache

■ Der Rhythmikunterricht im Kindergarten- und Vorschulbereich ist durch eine methodisch-didaktische Aufbereitung des »Lernstoffes« geprägt, in den die Kinder emotional eintauchen und durch den sie mit einer entsprechenden sprachlichen Führung geleitet werden. Durch kindgerechte Inhalte tauchen die Kinder in der ihnen eigenen Fantasie in die Spielgeschichten der »elementaren Spielkomplex-Rhythmik« ein; dadurch entsteht die für das Lernen so wichtige Emotionalität.

Methoden- und Modalitätenvielfalt

■ Eine Rhythmikstunde ist eine Mischung aus festgelegten Inhalten, die die Kinder nachahmen, und dem Erfinden, Experimentieren und Vorstellen eigener Lösungsideen zu einer Aufgabenstellung.
Die soziale Grundlage des Rhythmikunterrichtes ist Interaktion, da fast alle Aufgaben bzw. Spielangebote in Gruppen und Kleingruppen umgesetzt werden.

Transferleistungen, vernetztes Denken und assoziatives Denkvermögen werden durch das Umsetzen von Klängen in Bewegung sowie durch kreative Sprach-, Instrumenten- und Materialspiele gefördert. (Beispiel: Die charakteristischen Bewegungsarten einer Katze werden auf einer Handtrommel umgesetzt.)

Aus diesen vielfältigen Methoden und Modalitäten ergeben sich abwechslungsreiche Spielformen, bei der Ruhe und Bewegung, alleine und in der Gruppe agieren, mit oder ohne Material arbeiten, so zusammengesetzt werden, dass die einzelnen Phasen nicht zu lange sind. Zum Beispiel wird die Aktivitätsphase in Grobmotorik von einer Spielform in Feinmotorik abgelöst. Dadurch wird die Stunde »rund«, weil die Kinder nicht den Eindruck einer »Arbeits- und Lernstunde« haben, sie zeigen wesentlich geringere Ermüdungserscheinungen. Außerdem lässt sich durch den Einsatz wechselnder Methoden und Modalitäten eine größere Aufmerksamkeitsspanne erreichen.

Die Methoden der rhythmischen Erziehung im Kindergarten

■ Die pädagogische und therapeutische Stärke der Rhythmik ist zweifelsohne ihre Methodenvielfalt. Diese Methodenvielfalt ist es, die das breite Einsatzgebiet der Rhythmik erklärt und zum besseren Verständnis in diesem Kapitel erläutert wird.

Sensomotorische Wahrnehmungsspiele

■ In rhythmischen Spielangeboten werden in der Regel mehrere Sinne angesprochen. Jedoch ist es durchaus »sinn«-voll, Spiel- und Förderangebote sowohl monosensorisch als auch multisensorisch anzubieten.

Monosensorische Spiel- und Förderangebote ermöglichen die Fokussierung auf einen Sinn. Für Kinder können monosensorische Angebote im Bereich der taktil-kinästhetischen und auditiven Wahrnehmung für die Lösung von Blockaden oder als Impuls für weitere Entwicklungen von enormer Bedeutung sein.

Multisensorische Spiel- und Förderangebote fördern im besonderen Maße die Vernetzung und Koordination verschiedener Sinne.

Praxisbeispiel:

■ Bei der Umsetzung von Fortbewegungsarten in Bewegungen werden zahlreiche Wahrnehmungsbereiche aktiviert:

- der auditive Sinn (durch das Hören des Bewegungsrhythmus),
- der taktil-kinästhetische Sinn (durch die Koordination der motorischen Umsetzung und des Krafteinsatzes des gehörten Rhythmus und Musikimpetus in Bewegung),

- die visuelle Wahrnehmung und
- das Sozialverhalten (durch das Ansprechen von Emotionen und die Förderung der Konzentrationsfähigkeit).

Im Buch werden multisensorische Wahrnehmungsspiele als »sensomotorische Wahrnehmungsspiele« bezeichnet. Hat ein »sensomotorisches Wahrnehmungsspiel« einen Schwerpunkt, so wird es im Buch entsprechend bezeichnet. Im Folgenden finden Sie Beispiele für sensomotorische Wahrnehmungsspiele.

Auditive Wahrnehmungsspiele

■ zum Beispiel Richtungshören oder eine entsprechende motorische Reaktion auf ein akustisches Signal (Praxisbeispiel S. 34 »Dem Zauberklang folgen«)

Visuelle Wahrnehmungsspiele

■ zum Beispiel Dirigierspiele oder »Führen und Folgen« (Praxisbeispiel S. 87 »Rasselfest in Rasselprasselhausen«)

Taktil-kinästhetische Wahrnehmungsspiele

■ zum Beispiel »Antipp- oder Streicheldirigent«, haptische Eindrücke in Ruhe- und Entspannungsphasen (Praxisbeispiel S. 39 »Der Silberpfad«)

Fortbewegungsarten

■ Die Fortbewegungsarten Gehen, Laufen, Schreiten, Hüpfen und Galopp strukturieren in der Rhythmik vielfältige Spielformen und gestalten sie für die Kinder abwechslungsreich. Dadurch wird die Aufmerksamkeits- und Konzentrationsspanne der Kinder stark erhöht. Außer dem Einsatz von entsprechenden Tonträgern mit Musik, gibt es für die Spielleitung (je nach Können) unterschiedliche Durchführungsmöglichkeiten, um Fortbewegungsarten musikalisch und rhythmisch umzusetzen.

Praxistipps zu den Fortbewegungsarten:

■ Kinder haben ein schnelleres Eigentempo als Erwachsene. Daher sind bei den unterschiedlichen Fortbewegungsarten folgende Grundregeln unbedingt zu beachten:

- Geht ein Erwachsener, so bedeutet das im Eigentempo des Kindes Schreiten.
- Läuft ein Erwachsener, so bedeutet das im Eigentempo des Kindes Gehen.
- Trippelt ein Erwachsener, so bedeutet das im Eigentempo des Kindes Laufen.

Das heißt, die Spielleitung muss immer das doppelte Tempo spielen, um so dem natürlichen Bewegungsablauf von Kindergartenkindern gerecht zu werden.

- Hüpfen wird oftmals mit einem Hupf oder Sprung verwechselt. Beim Hupf oder Sprung verlassen beide Füße gleichzeitig den Boden. Sowohl beim Hüpfen als auch beim Galoppieren ist immer ein Fuß oben, über einen kurzen Zeitraum sind sogar beide Füße vom Boden gelöst.
- Es gibt drei verschiedene Galoppformen: Beim Pferdchengalopp stößt immer dasselbe Bein vom Boden ab, beim normalen Galopp stößt abwechselnd mal der rechte und mal der linke Fuß vom Boden ab. Dann gibt es noch den Seitgalopp, bei dem die Galoppbewegung seitlich ausgeführt wird. Dabei gibt immer das vordere Bein den Bewegungsimpuls.
- Galoppieren und Hüpfen unterscheiden sich durch den Auftakt beim Galopp. Dadurch ist der Bewegungsimpuls beim Galopp mehr in die Höhe gerichtet, beim Hüpfen mehr in den Raum.

Lied
Schreiten

»Zur Geisterstunde«

Praxisbeispiel: Seite 91

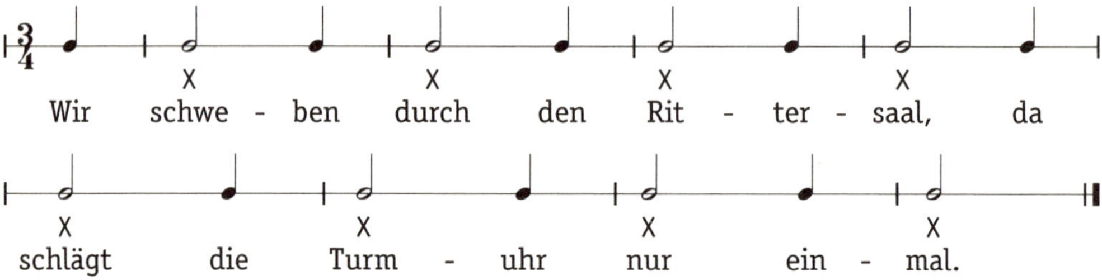

Hinweis: Der Schreitrhythmus kann genauso gut im jeweiligen Sprach- oder Liedrhythmus im 4/4-Takt oder im 2/2-Takt notiert sein.

Lied
Gehen

»Die Gespenstergeisterbahn«

Praxisbeispiel: Seite 107

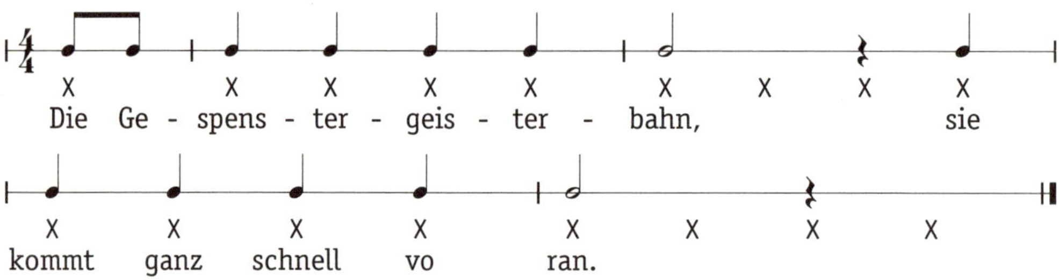

Reim
Laufen

»Das kleine Mäuschen Pimpernell«

Praxisbeispiel: Seite 111

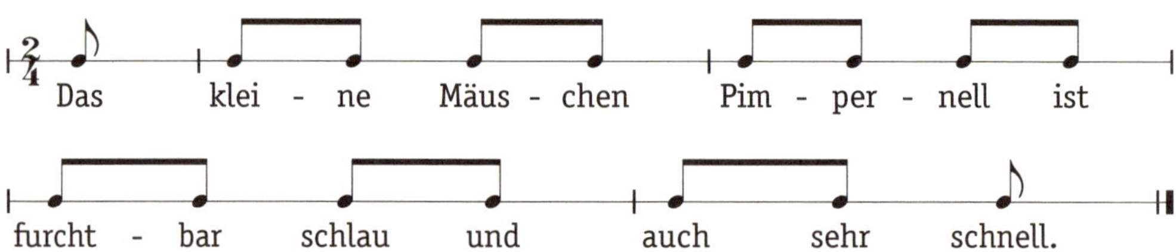

Reim **»Das Häschen Knabbelohr«**

Galoppieren Praxisbeispiel: Seite 26

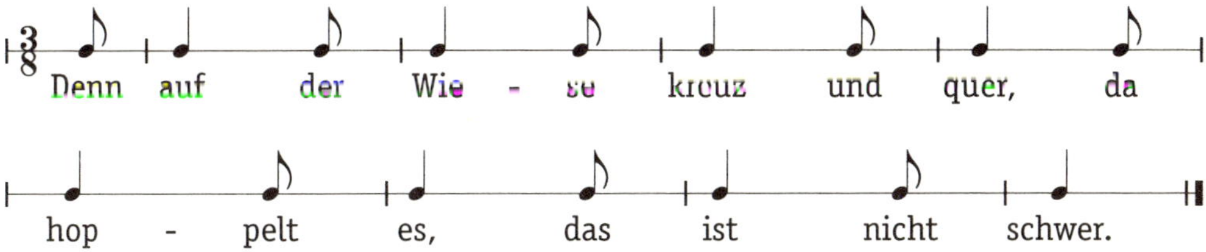

Das kleine Häschen Knabbelohr hat jeden Tag 'ne Menge vor.
Denn auf der Wiese kreuz und quer, da hoppelt es, das ist nicht schwer.

Reim **»Pfützenspringen«**

Hüpfen Praxisbeispiel: Seite 60

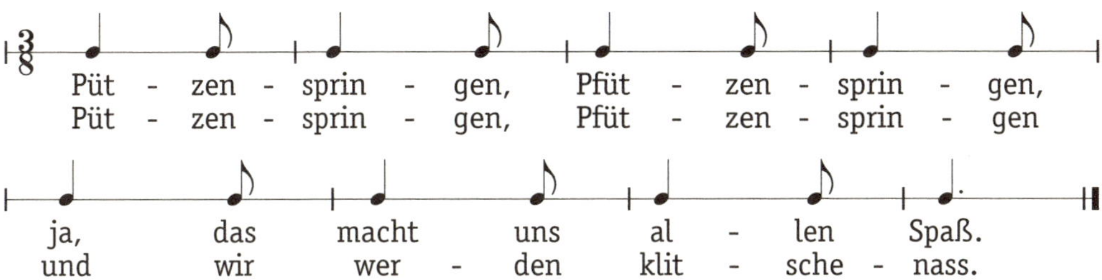

Sprachspiele und Reime

■ Kinder erlernen Sprache nicht durch Tonträger oder eine Geräuschkulisse (wie zum Beispiel Fernsehen), sondern durch empathische Bezugspersonen. Von Geburt an ist also die sprachliche Zuwendung eine Notwendigkeit, um sowohl aktive als auch passive Sprachkenntnisse anzulegen. Ohne eine gute sensorische Integration läuft jedoch selbst die ausgeprägteste Sprachförderung ins Leere.

Eine optimale Kombination von sprachlicher Zuwendung und sensorischer Integration bieten Kniereiter, Kose- und Neckspiele und des Weiteren auch Klatsch- und Kreisspiele in Lied- oder Reimform. Wohl deshalb werden sie den Kindern von Eltern in allen Kulturen der Welt intuitiv immer wieder angeboten.

Lieder

■ Ein rhythmisches Spiel- und Förderangebot ohne ein Lied ist praktisch nicht vorstellbar. Alle Lieder in diesem Buch sind so komponiert und getextet, dass sie immer mit Bewegungen in Fein- und Grobmotorik umgesetzt werden. Außerdem können zusätzlich weitere Spielmethoden (zum Beispiel Klanggeschichten, darstellende Spiele, Materialspiele etc.) eingesetzt werden.

Lieder transportieren durch ihre Melodie Stimmungen und Emotionen. Musik wirkt also auf vielen Ebenen und erleichtert damit – gerade bei jüngeren Kindern – den emotionalen Zugang. Schwierige Koordinationen von Bewegung und Sprache lernen Kinder mit einer Melodie wesentlich leichter, obwohl die multisensorische Anforderung sehr hoch ist. Selbst Kinder mit kognitiven und physischen Defiziten sprechen auf ein Lied wesentlich mehr an, als wenn nur mit ihnen gesprochen wird.

Hinweis zu Singproblemen

■ Die Stimme ist natürlich etwas sehr Persönliches und viele Erwachsene haben in ihrer Kindheit negative Äußerungen über ihre Singstimme gehört und damit das Singen ganz aus ihrem stimmlichen Repertoire verbannt. Diese negativen Erfahrungen sitzen oft sehr tief und zeigen, wie eng die Stimme mit unserer Psyche zusammenhängt. Natürlich ist es schwer, diesen emotionalen »Schock« zu überwinden und die eigene Singstimme neu zu entdecken. Aber es lohnt sich auf jeden Fall! Denn durch das Singen wird unserer Psyche ein Ventil gegeben, das sie sonst nicht hätte.

Instrumentalspiel

In der Rhythmik kann das Spielen auf Instrumenten aus verschiedenen Intentionen geschehen. Wir unterscheiden drei Kategorien:

- Das rhythmische Begleiten eines Reimes oder Liedes bzw. das Begleiten von Bewegungen.
- Das Begleiten einer Klanggeschichte, bei der die Inhalte entsprechend auf Instrumente übertragen werden, die an bestimmten Stellen in einem Lied oder einer Geschichte ihren Einsatz finden.

– Das harmonische Begleiten eines Liedes in den entsprechenden Tonarten als Liedbegleitung.

Diese drei Kategorien können sich jedoch vermischen. Die Verteilung der Rollen auf die Kinder kann zum Beispiel bei einer altersgemischten Gruppe im Kindergarten unter dem Gesichtspunkt erfolgen, welches Kind die entsprechenden kognitiven und motorischen Fähigkeiten zur Umsetzung hat. Dadurch werden die Kinder nicht über- und nicht unterfordert.

Experimentier- und Improvisationsphasen, kreatives Gestalten mit Materialien und Instrumenten

■ Von großer Bedeutung für die physische und psychische Entwicklung des Kindes sind kreative Aktivitäten in Musik, Bewegung und mit Materialien. Bei all diesen Aktivitäten schöpfen die Kinder aus sich selbst. In Gruppensituationen ahmen sie sich gegenseitig nach und entwickeln die Ursprungsidee in Teamarbeit weiter. Nur wenn wir Pädagoginnen den Kindern diesen Freiraum lassen, sind sie fähig, kreative Kompetenzen zu entwickeln, die sie dringend für das spätere Leben in Beruf und Familie benötigen.

Wir alle wissen, dass Kinder von sich aus neugierig sind und dass diese Neugierde die Grundvoraussetzung für jedes Lernen ist. Aus diesem Grund nimmt das Experimentieren und Improvisieren mit Materialien und Instrumenten in rhythmischen Spiel- und Förderangeboten einen großen Stellenwert ein. Beim Experimentieren mit Material erhalten die Kinder die Möglichkeit, einen Einblick in das »Wesen« des jeweiligen Materials zu bekommen. Mit unserem Tast-, Spür-, Gleichgewichts-, Bewegungs-, Raum-/Lage- und Temperatursinn und unserer Tiefenwahrnehmung (propriozeptive Wahrnehmung) sind wir in der Lage herauszufinden, welche Eigenschaften das jeweilige Material hat und wie wir es entsprechend einsetzen können. Bei Instrumenten kommt noch hinzu, dass die Klang- oder Geräuscherzeugung es uns ermöglicht, etwas über die Struktur des Instrumentes zu erfahren (ist es zum Beispiel aus Metall oder aus Holz, klingt es selbst oder muss man es zum Klingen bringen).

Übergänge

■ Von methodisch großer Bedeutung sind Übergänge, die im wahrsten Sinne des Wortes »sinn«voll gestaltet sind. Übergänge sollen für die Kinder den Wechsel von einer Methode in die andere so gestalten, dass für sie das als Spiel empfundene Rhythmikangebot weiterläuft, ohne dass es zu einem didaktischen Bruch kommt.

Ruhephasen

■ Ruhephasen sind ein wichtiger methodischer Gegenpol zu den vielen motorischen Angeboten in der Rhythmik. Sie können auf unterschiedliche Weise durchgeführt werden, unter Umständen liegen die Kinder auf dem Boden und halten die Augen geschlossen. Verschiedene Möglichkeiten, die Ruhephasen zu gestalten:

- Eine Geschichte wird erzählt,
- Musik wird gespielt oder
- eine taktil-kinästhetische Erfahrung wird gemacht.

Darstellendes Spiel und Regelspiel

■ Von großer Bedeutung und erzieherischer Qualität sind Spielformen, bei denen die Kinder in Rollen schlüpfen und sich darin pantomimisch, sprachlich, musikalisch und tänzerisch ausdrücken können. Kinder lieben es, bei einer Spielform, die verschiedene Rollen anbietet, in so gut wie jede schlüpfen zu können. Diese Rollen-Flexibilität hat ihre Ursache in der kindlichen Neugierde und ist in jedem Fall ein stark persönlichkeitsbildender und -fördernder Lernprozess. Ebenso üben Regelspiele auf Kinder eine sehr große Faszination aus, die sich uns Erwachsenen oft nicht völlig erschließt. Vielleicht ist es die Unsicherheit des Ausganges in einem sicheren und festgelegten Spielrahmen, der die Kinder dazu bringt, diese Spiele immer wieder spielen zu wollen.

Hinweise zum Praxiseinsatz des Buches

■ Die praktischen Inhalte des Buches basieren auf der spielerischen Umsetzung von jahreszeitlichen Themen, fantasievollen Geschichten und Gestalten. Das Grundbedürfnis des Kindes, sich in andere Welten hineinzuversetzen, wird darin ernst genommen. Das Kind erfährt sich in seiner augenblicklichen Entwicklungsphase angenommen und geachtet, daraus entwickeln sich Selbstachtung und Persönlichkeit.

Aufbau der thematischen Spielformen

■ Nach einem kurzen Überblick über das jeweilige Thema werden die benötigten Materialien und Instrumente genannt. Dann werden die einzelnen Förderschwerpunkte aufgeführt. Im Anschluss an diesen konzentrierten informativen Vorspann geht es mit der Praxis los: Es folgt die Geschichte (oder das Lied), auf der das Angebot aufgebaut ist.

Alter

■ Mit Absicht wurden keine Altersangaben zu den einzelnen Spielangeboten im Buch gemacht. Obwohl alle Spiele mit Kindergartenkindern und mit geistig behinderten Kindern ausgeführt und getestet wurden, können die meisten Inhalte ohne weiteres mit Kindern bis in das zweite Schuljahr eingesetzt werden. Dadurch ist dieses Buch für den Einsatz mit Kindern zwischen 3 und 8 Jahren geeignet.

Spielangebote

■ Die Spiel- und Förderangebote werden in einer Art Stundenbild zusammengefasst. Jedoch wird bewusst der Begriff Spielangebot verwendet, weil er auf eine offenere Handhabung durch die Benutzerin hinweisen möchte. Das bedeutet, die Spielangebote können beliebig erweitert oder gekürzt werden.

Dauer eines Angebotes

■ Die Spielangebote sind auf eine Länge von 45 bis 60 Minuten ausgelegt. Doch jede Pädagogin weiß, dass dasselbe Angebot an verschiedenen Tagen mit unterschiedlichen Kindern entsprechend länger oder kürzer ausfallen kann.

Es ist wichtig, zu Beginn jeder neuen Stunde die Inhalte des letzten Males zu wiederholen. Dies kann sprachlich erfolgen oder aber auch durch erweiterte Spielformen, um die Inhalte zu festigen. Auch die Dauer dieser Wiederholungsphasen ist nicht vorhersehbar, oftmals verweilen die Kinder darin sehr lange mit Lust und Spaß. Durch die Wiederholung erschließen sich die Inhalte des Angebots noch besser, das kosten die Kinder gerne ausgiebig aus.

Geschichten

■ Die Bedeutung von Geschichten für die kindliche Entwicklung ist unumstritten und hinlänglich bekannt. Daher bilden Geschichten auch die Basis für die meisten Angebote dieses Buches.

Bei den Wiederholungen der Spielangebote zu einem späteren Zeitpunkt ist es sinnvoll, die Geschichte gemeinsam mit den Kindern nachzuerzählen (»Was bisher geschah ...«).

Die Geschichten sind jeweils grau hinterlegt, sodass die Spielleitung sie leicht erfassen kann. Zur inhaltlichen Veranschaulichung kann es günstig sein, wenn geeignetes Illustrationsmaterial (zum Beispiel Fotos, Illustrationen, Bilderbücher) vorhanden ist.

Verweise auf CD

Bei allen Liedern findet sich jeweils ein Verweis auf die entsprechende Lied- bzw. Playbacknummer (PB) der CD »Schlaumax in Rasselprasselhausen«.

Instrumente

■ Neue Klangerfahrungen begeistern nicht nur die Kinder, sondern auch die ausführende Pädagogin. Deshalb werden in den einzelnen Angeboten zum Teil ungewöhnliche Instrumente verwendet. Bei »Lena im Zauberklanggarten« kommen zum Beispiel *Qi-Gong-Kugeln* und kleinere *Klangkugeln* zum Einsatz. Diese sind in verschiedenen Größen bei Kindergartenausstattern und in gut sortierten Spielwarenläden erhältlich.

Das *Sixflat* ist ein Klangerlebnis der besonderen Art, das in musikalischen Spielen vielfältig einsetzbar ist. Es ist der klangvolle Ersatz für das Glockenspiel, auf dem in der Regel nur die Tonleiter rauf und runter gespielt wird. Das Sixflat ist eine Metallplatte mit sechs Tönen. Sie sind pentatonisch (Töne: c, d, e, g, a, c als Oktave) angeordnet und klingen harmonisch immer richtig. Das Sixflat fasziniert die Kinder sehr und der obertonreiche Klang wirkt beruhigend. Es wird in diesem Buch bei einigen Spielformen eingesetzt, jedoch werden als Alternative immer *Metallofon-Klangbausteine* aufgeführt.

Die *Sen-plates* sind einzelne Klangplatten mit einem glockenartigen Klang. Durch den Griff an jeder Platte sind sie für die Praxis mit Kindern sehr zu empfehlen.

Die *Spring-Drum* ist ein ideales Instrument für die geräuschhafte Darstellung von stimmungsvollen, meist beunruhigenden Situationen, wie zum Beispiel Gewitter, Sturm oder das Erscheinen von Gespenstern.

Die Spring-Drum ist in drei Größen erhältlich, wobei die kleine und mittlere Größe im Klangvolumen absolut ausreichend sind.
Rasseln, Raspeln, Handtrommeln, Klangklötzchen, Becken, Triangel und klanglich etwas außergewöhnlichere Instrumente wie *Waldteufel* und *Flex-A-Tone* ergänzen das Instrumentarium.

Bezugsquellen der Instrumente

Sixflat: Firma SEN plates, Gottlieber Str. 23, D-78462 Konstanz.

Und für alle anderen Instrumente: Firma Wehrfritz GmbH,

August-Grosch-Straße 28-38, D-96476 Bad Rodach

Einstimmung und Verabschiedung

■ Es ist wichtig, die Kinder mit einem gleich bleibenden Ritual auf das gemeinsame Spielen vorzubereiten. Dadurch gewinnen sie Sicherheit und Vertrauen, außerdem stellt sich eine gemeinsame Vorfreude auf das kommende Spielen ein. Dieses Ritual kann zum Beispiel mit einem Begrüßungslied durchgeführt werden und/oder mit einer inhaltlich passenden Handpuppe sprachlich inszeniert werden.
Genauso wichtig wie ein Anfangsritual ist ein Abschiedsritual, das das rhythmische Spiel- und Förderangebot abrundet und den Kindern das Ende der gemeinsamen Stunde signalisiert.

Begrüßungslied: »Guten Tag, guten Tag«

Spielausführung Jedes Kind hat eine Fingerpuppe auf seinem Zeigefinger und bewegt sich zu den unten aufgeführten Spielvorschlägen. Das kann auch ohne Fingerpuppen durchgeführt werden, indem zum Beispiel ein Gesicht auf den Zeigefinger gemalt wird oder die Kinder sich einfach so begrüßen.

Liedtext

Guten Tag, guten Tag, wie schön, dich hier zu seh'n.	*Kinder gehen durch den Raum. Die Fingerpuppen begrüßen sich gegenseitig.*
Guten Tag, guten Tag, es wird hier viel gescheh'n.	

Variante Dub-du-bi-du-bi-da
ja, das macht viel Spaß.

Dub-du-bi-du-bi-da
ist für jeden was.

Stehen bleiben und Fingerpuppe im Liedrhythmus tanzend bewegen. Die Füße der Kinder tippen abwechselnd im Takt mal nach rechts, mal nach links.

Refrain Die Kinder bewegen die Arme im Liedrhythmus über Kreuz.

Abschiedslied: »Das Spielen ist jetzt aus«

2 Gesungen haben wir hier schön,
wir wollen gleich nach draußen gehen.

Refrain Das Spielen ist jetzt aus,
wir gehen gleich nach Haus.

Im Frühling

März · April · Mai

»Lena im Zauberklanggarten«

Spielangebot 1: »Im Zauberklanggarten«
Spielangebot 2: »Der Zauberklangbaum«
Spielangebot 3: »Der Weg zur Elfenkönigin«
Spielangebot 4: »Ein Garten voller Geheimnisse«
Spielangebot 5: »Lena im Schneckenlabyrinth«
Spielangebot 6: »Lena und der rasende Zauberklangbaum«

Im Frühling

März · April · Mai

Lena im Zauberklanggarten

Ein Märchen von Elfen und Zauberklangkugeln, zum Träumen und Lauschen.

Gerade nach der Faschingszeit, wenn die Natur erwacht, ist ein günstiger Zeitpunkt, die Kinder in die Welt der Feen und Elfen einzuführen. Es gibt eine große Anzahl an schönen Feen- und Elfenbüchern und auch entsprechende kleine Porzellanfiguren, die die Kinder ausgiebig betrachten und betasten können. Vor allem die Flügel tun es den Kindern meist sehr an, denn wer möchte nicht gerne fliegen können?

Material Für jedes Kind eine Qi-Gong-Kugel, ein Klangei (oder eine andere Klangkugel) und Glöckchen (erhältlich im Spielwarenhandel, Bastelgeschäften oder im Kindergartenversand), Tücher, ein kleiner Korb zur Aufbewahrung der Klangkugeln, mehrere kleine Körbe zur Aufbewahrung der Glöckchen, 4–6 Legeseile, Wackersteine in verschiedenen Größen (ungefähr ein kleiner Eimer voll), Pappröhren oder Boom-Whacker, Alufolie, ein Gymnastikball oder ein großer Ballon, einen Pfeifenputzer für jedes Kind. Eventuell eine kleine Elfenfigur, zum Beispiel aus Porzellan.

Instrumente Flöte für Triller, Handtrommel, Becken

Förderschwerpunkte

Auditive Förderung Hördifferenzierung in Bezug auf Klanglänge, Klangfarbe, Klanggedächtnis und Richtungshören.

Persönlichkeitsentwicklung Die spielerischen »Mutproben« von »Lena« verleihen den Kindern Selbstvertrauen. Außerdem stellen sie eine ganzheitliche Förderung aller Sinne dar.

Taktil-kinästhetische Förderung

Bewegungen zu den Liedern und Reimen; das Spüren der Klangvibrationen der Klangkugeln; Klangkugelmassage; Tasten der unterschiedlichen Größen und Formen der Kugeln und Glöckchen.

Spielangebot 1

»Im Zauberklanggarten«

Geschichte

»Lena im Zauberklanggarten«
Lena ist im Garten und holt ihr Häschen Knabbelohr aus dem Käfig. Übermütig knabbert es Lenas Ohr an. Lena lacht, weil es kitzelt, und setzt das Häschen Knabbelohr auf die Wiese. Sie freut sich, dass dem Hasen der grüne Klee so gut schmeckt, und lauscht dem Geräusch, wenn er mit seinen langen Hasenzähnen die Blätter abrupft.

Reim und Bewegungsspiel

»Das Häschen Knabbelohr«
Die Kinder sitzen als Hasen in der Hocke. Die Spielleitung spricht den Reim und führt mit den Kindern die entsprechenden Bewegungen aus.

Das kleine Häschen Knabbelohr, hat jeden Tag 'ne Menge vor.	*Abwartend in der Hocke sitzen und neugierig herumschnuppern.*
Denn auf der Wiese kreuz und quer, da hoppelt es, das ist nicht schwer.	*Durch den Raum hoppeln.*
Doch was macht es denn nun? Es macht einen großen Sprung!	*Aus der Hocke einen weiten Sprung machen.*
Knabbert bei dem Löwenzahn viele leckre Blätter an.	*An imaginären Löwenzahnblättern knabbern.*
In das Heu kuschelt es sich und macht es sich gemütlich!	*Sich auf dem Boden einrollen.*

Übergang

Die Kinder bleiben als Häschen Knabbelohr auf dem Boden liegen und die Spielleitung beginnt zu erzählen. Sie begleitet sich mit den entsprechenden Instrumenten (zum Beispiel Becken, Flöte, Glöckchen, Klangkugeln/Qi-Gong-Kugeln), die in der folgenden Geschichte in Klammern aufgeführt sind.

Entspannungsphase mit Geschichte

»Als es sich Knabbelohr in seinem Stall wieder gemütlich macht, verriegelt Lena sorgfältig die Tür. Sie legt sich auf den Rücken und lässt sich die Sonne (entweder ein sanfter Schlag auf dem Becken oder über jedem Kind) ins Gesicht scheinen. Sie lauscht dem Summen der Mücken und Bienen (summen) und dem Zwitschern der Vögel (Flötentriller). Ihre Beine werden schwer und langsam fallen ihr die Augen zu. Beim Einschlummern meint sie, von weitem einen wunderschönen Klang zu hören. »Bimmelimmelimm!«, tönt es zart an ihr Ohr. Aber Lena ist zu müde zum Aufstehen und schläft nun vollends ein.

Lena träumt, dass sie durch eine wunderschöne Landschaft spaziert. Sie geht an einem Fluss entlang, aus dem übermütig die Fische herausspringen. In der Ferne sieht sie schneebedeckte Berge und überall stehen wunderbare Blumen und Bäume.

Plötzlich hört sie eine feine Stimme: »Sei gegrüßt, Lena!« Sie schaut sich um und bemerkt einen kleinen zarten Jungen, so groß wie ihre Hand, der auf einem Pilz sitzt und sie freundlich betrachtet. Er hat ein sonderbares Kleid an und auf seinem Rücken sind zarte Schmetterlingsflügel.

Lena kniet sich vor den Jungen hin. »W-wer bist du denn und wo bin ich hier?«, fragt sie verdutzt. »Ich bin ein Elf und freue mich, dich in unserem schönen Garten zu begrüßen«, antwortet der kleine Mann mit einer Stimme, die sich wie ein kleines zartes Glöckchen anhört. »Hör dich hier um«, meint er. »Im Zauberklanggarten findest du alle Klänge, von denen du schon immer geträumt hast«.

Dann fliegt der Elf mit seinen schillernden Flügeln davon. »Ich komme wieder!«, ruft er Lena zu, bevor er zwischen den

Blättern der Bäume verschwindet. Neugierig betrachtet Lena die schönen Blumen und Bäume. Plötzlich entdeckt sie an den Bäumen seltsame Früchte. Sie tritt näher und erkennt, dass es lauter silberne und bunte Kugeln und Glöckchen sind. In diesem Moment erfasst ein Windstoß die Äste und wunderschöne Klänge erfüllen den Wald: »Bimm-bamm«, »Kling-klang-klong«, »Dingeling«, »Plime-plam« (Spiel mit Klangkugeln und Glöckchen).
Lena bleibt wie angewurzelt stehen und sperrt Mund und Augen vor Staunen weit auf. Sie wünscht sich, dass dieser wunderbare Klang nie mehr vergehen soll! Doch irgendwann wird es wieder still und Lena betrachtet die klingenden Früchte an den Bäumen. Sie sieht, dass die Glöckchen und Kugeln in wunderschöne bunte Blütenblätter eingehüllt sind. Nun versteht Lena, warum sie im »Zauberklanggarten« ist. Sie findet die Zauberklangfrüchte so faszinierend, dass sie unbedingt eine Frucht pflücken muss und sofort anfängt, damit zu spielen. Sie rollt sie hin und her und dabei klingt die Kugel zauberhaft.

Austeilen der »Zauberklangkugeln«

Übergang Die Kinder liegen mit geschlossenen Augen auf dem Boden. Die Spielleitung legt zu jedem Kind eine Zauberklangkugel, eingewickelt in ein Nylontuch oder in eine Serviette. Auf ein langes Signal mit einer Klangkugel öffnen die Kinder die Augen. Nun wird den Kugeln mit den Tüchern ein Nest gebaut, das jedes Kind in die Kreismitte legt. Gemeinsam wird das Arrangement betrachtet, dann holt jedes Kind seine Zauberklangkugel aus seinem Nest. Das folgende Lied wird gesungen und gespielt.

Lied »Die Zauberkugel«

CD Nr. 15, PB Nr. 25

Spieldurchführung Jedes Kind hat eine »Zauberklangkugel« (Qi-Gong-Kugel, Klang-Regenbogeneier, kleine Klangkugeln o. Ä.). Das Lied wird gesungen und die entsprechenden Bewegungen dazu ausgeführt.

1	Rille, ralle, rugel, meine Zauberkugel. »Klingeling«, ich hör dich gern. Klingst so schön von nah und fern.	*Die Kugel im Takt zwischen den Händen hin und her rollen.* *Die Kugel in eine Hand nehmen und schütteln.* *Bei »nah« ans Ohr halten, bei »fern« möglichst weit von sich weg halten.*
2	Rille, ralle, rugel, meine Zauberkugel. »Klingeling«, ich hör dich gern. Klingst ja wie ein Zauberstern.	*s. o.* *Die Kugel in die andere Hand nehmen und schütteln. Bei »Zauberstern« betrachten sich die Kinder in der spiegelartigen Oberfläche ihrer Kugel.*

Varianten Die Kugeln werden zwischen den Liedwiederholungen getauscht. Im Takt (auf die »1«) wird die Kugel jeweils zum Nachbarn auf der linken Seite gerollt. Dabei wird das Lied oder der erste Teil des Liedes gesungen.

»Lieblingsgebimmel«

Improvisation Die Kinder stehen in Raum verteilt und haben ihre Zauberklangkugel in der Hand oder in ihrer Kleidung stecken. Nun zeigt jedes Kind, das eine Idee hat, wie es sich oder die Kugel am liebsten bewegt. Die anderen Kinder machen es nach. Wiederholen, bis jedes Kind an der Reihe war.

Einsammeln der Zauberklangkugeln

Abschlussspiel Die Spielleitung stellt einen ca. 10 – 15 cm hohen Weidenkorb in die Kreismitte (Durchmesser 20 – 30 cm). Die Kinder setzen sich eng im Kreis um den Korb und berühren ihn mit den Zehen beider Füße. Nun lassen sie die Klangkugeln vom Knie das Schienbein hinunterrollen, sodass die Kugel in den Korb rollt. Dabei ist es wichtig, den Kindern ausreichend Zeit und Raum zum Experimentieren zu geben.

Spielangebot 2

»Der Zauberklangbaum«

Übergang

Wiederholung der Geschichte »Lena im Zauberklanggarten«

Das Austeilen der Zauberklangkugeln

Der Korb mit den Zauberklangkugeln liegt in der Mitte des Raumes. Die Spielleitung erzählt, dass die Kinder einen Spaziergang durch den Zauberklanggarten machen. Dann improvisiert sie auf Blockflöte, Metallofon oder Sixflat Musik zum Gehen, Laufen und Hüpfen. Ist die Musik zu Ende, bleiben alle Kinder stehen. Die Spielleitung tippt daraufhin einige Kinder nacheinander an, diese suchen sich eine Klangkugel aus dem Korb. Die Musik beginnt wieder und alle Kinder bewegen sich entsprechend der Musik.

Lied

»Die Zauberkugel« Seite 29, CD Nr. 15, PB Nr. 26

Fortsetzung der Geschichte

Lena ist so begeistert von den Klangkugeln, dass sie so viele Kugeln, wie sie kann, in ihre Hosentaschen steckt.

»Wie viele Zauberklangkugeln kann ich tragen?«

Taktil-kinästhetisches Wahrnehmungsspiel

Die Kinder stehen als Bäume des Zauberklanggartens im Raum verteilt. Ein Kind ist Lena, sie »pflückt« Zauberklangkugeln von den Bäumen. Sie steckt sich so viele Kugeln wie möglich in Hosentaschen, Socken, Schuhe und läuft damit um die »Bäume« herum.

»Wo ist Lena?«

Auditives Wahrnehmungsspiel

Die anderen Kinder schließen nun die Augen und zeigen mit der Hand in die Richtung, aus der die Zauberklänge kommen. Dann verteilt Lena die Zauberklangkugeln wieder und das nächste Kind pflückt Zauberklangkugeln.
Die ineinander übergehenden Spiele: »Wie viele Zauberklangkugeln kann ich tragen?« und »Wo ist Lena?« so lange wiederholen, bis jedes Kind an der Reihe war. Am Schluss werden die Klangkugeln wieder an ihre jeweiligen »Besitzer« verteilt.

Fortsetzung der Geschichte

Da hört Lena plötzlich wieder die Stimme des Elfen ganz nahe an ihrem Ohr. Er fliegt mit zarten Flügelschlägen hin und her und spricht:
»Du musst die Elfenkönigin fragen, ob sie dir erlaubt, die Zauberklangkugeln mit nach Hause zu nehmen.«
»Wo ist die Elfenkönigin, kleiner Elf?«, fragt Lena.
»Folge mir!«, antwortet er und fliegt in einen Wald hinein. Lena folgt ihm, bepackt mit klingenden Kugeln und Glöckchen. Im Wald angekommen hört Lena den Elf rufen: »Hier bin ich!« Lena sieht ihn auf dem Blatt einer großen Kastanie sitzen. »Lege alle Kugeln und Glöckchen hier an den Stamm der Kastanie«, sagt der Elf. Schweren Herzens trennt sich Lena nun von ihren Schätzen und legt die Zauberklangkugeln und Glöckchen unter den großen Kastanienbaum.

»Der Zauberklangbaum«

Kreatives Gestalten

Die Spielleitung verteilt 4 bis 6 Seile und die Kinder legen damit den Umriss eines Baumes auf den Boden. Nun legen die Kinder ihre Zauberklangkugel in das Blütenblätternest (Nylontuch im Sitzkreis) und stellen sich damit vor dem Baum auf. Die Spielleitung rollt mit ihrer Zauberklangkugel über den Rücken eines Kindes. Dieses legt daraufhin sein Zauberklangnest in den Baum. So lange wiederholen, bis jedes Kind sein Zauberklangnest in den Baum gelegt hat. Anschließend wird der Zauberklangbaum ausgiebig betrachtet und nach Bedarf mit braunen (Stamm) und grünen (Blätter) Tüchern noch weiter ausgestaltet.

»Nichts zu hören!«

Sensomotorisches Bewegungsspiel

Die Kinder stehen um den Zauberklangbaum. Die Spielleitung spielt einem Kind einen Zauberklang mit einer Kugel zu. Daraufhin holt das Kind seine Kugel aus seinem Zauberklangnest und geht um den Zauberklangbaum herum, und zwar so, dass möglichst nichts von der Kugel zu hören ist. Wiederholen, bis jedes Kind an der Reihe war.

»Wann klingt es?«

Sensomotorisches Bewegungsspiel

Die Kinder beginnen sehr langsam, wie in Zeitlupe, sich durch den Zauberklanggarten (Raum) zu bewegen. Sie werden gemeinsam immer schneller und bleiben stehen, sobald ihre Zauberklangkugel zu klingen beginnt.

Abschlussspiel

Die Kinder sitzen im Sitzkreis, in der Mitte steht der Korb, in dem die Zauberklangkugeln aufbewahrt werden. Der Reihe nach versucht nun jedes Kind, seine Kugel so zu rollen, dass sie den Korb berührt. Gelingt dies, so darf es seine Kugel in den Korb legen.

Spielangebot 3

»Der Weg zur Elfenkönigin«

»Was ist unter dem Tuch?«

Tast- und Ratespiel

Die Spielleitung verhüllt mit einem Tuch eine kleine Porzellan-Elfenfigur und lässt ein Kind nach dem anderen die Figur abtasten und beschreiben, was gefühlt wird. Am Schluss wird die Figur enthüllt.

Austeilen der Zauberklangkugeln

Übergang

Die Gruppe sitzt im Kreis und die Spielleitung hat den Korb mit Zauberklangkugeln vor sich stehen. Sie rollt jedem Kind eine Kugel zu.

Lied

»Die Zauberkugel« Seite 29, CD Nr. 15, PB Nr. 25

Spiel mit Klangkugeln

Sensomotorisches Bewegungsspiel

Die Kinder bewegen sich mit ihrer Zauberklangkugel in verschiedenen Fortbewegungsarten (Spiel auf Blockflöte, Xylofon oder Metallofon oder Bewegungsmusik »Im Zauberklanggarten« CD Nr. 18) durch den »Zauberklanggarten«. Auf Zuruf auch rückwärts, seitwärts, zu zweit etc.

Ist die Musik zu Ende, werden folgende Spielformen durchgeführt:

- Die Kinder schließen die Augen, schütteln ihre Zauberklangkugel und lauschen.
- Die Kinder schließen die Augen und die Spielleitung tippt ein Kind an. Dieses darf nun alleine seine Zauberklangkugel schütteln. Die anderen Kinder lauschen und zeigen in die Richtung, aus der der Klang tönt. Bei diesem Spiel 2 bis 3 Kinder antippen, bevor die Musik wieder weitergeht.

Insgesamt mehrmals wiederholen, bis jedes Kind an der Reihe war.

Wiederholung der Geschichte

»Lena im Zauberklanggarten«

Fortsetzung der Geschichte

»Folge dem Klang meiner Zauberklangkugel«, spricht der Elf und schüttelt dabei sanft seine Kugel. Sie klingt hoch und zart, sodass Lena ihre Ohren spitzen muss, um sie genau hören zu können. »Nur wer mit geschlossenen Augen der Zauberklangkugel eines Elfen folgen kann, kommt zum Haus der Elfenkönigin«, erklärt der Elf.
Lena schließt die Augen und folgt dem Klang. Obwohl sie dabei sehr vorsichtig ist, stolpert sie über Äste am Boden und zerkratzt sich ihr Gesicht an Zweigen. Aber sie hält ihre Augen fest verschlossen, denn sie will unbedingt die Elfenkönigin sehen.
Plötzlich ist der Elfenklang nicht mehr zu hören. Lena bleibt still stehen, wartet, bis sie ihn wieder hört, und geht leise weiter.

»Dem Zauberklang folgen«

Auditives Wahrnehmungsspiel

Ein Kind ist Lena, ein anderes ist der Elf. Die anderen Kinder stehen als Zauberklangbäume im Raum verteilt. Der Elf bekommt eine Zauberklangkugel. Lena schließt nun die Augen und folgt dem Klang der Zauberklangkugel durch den Zauberklangwald.

Variante Die anderen Kinder zeigen mit geschlossenen Augen auf den Klang des Elfen. Rollentausch und so lange wiederholen, bis jedes Kind entweder einmal Lena oder den Elfen gespielt hat. Anschließend setzen sich die Kinder in den Kreis und die Spielleitung erzählt die Geschichte weiter.

Fortsetzung der Geschichte

»Du kannst nun deine Augen aufmachen«, hört Lena plötzlich die Stimme des Elfen. Sie öffnet die Augen und staunt – so eine schöne Wiese hat sie noch nie gesehen! Auf einer Lichtung stehen kleine und große Glockenblumen, an denen kleine silberne Glöckchen hängen und die Wiese mit einem zarten Bimmeln erfüllen.

Ein Weg aus silbernen Steinen führt in Schlangenlinien zu einem Haus. Das Haus sieht wunderschön aus! Die Wände sind aus Blütenblättern gebaut und das Dach besteht aus einer große Glockenblume. Das muss das Haus der Elfenkönigin sein!

Der Elf fliegt über den Silberpfad zum Haus. Die Tür öffnet sich wie von Zauberhand und er verschwindet im Haus. Lena ist gespannt, was nun passiert, und setzt sich auf einen Stein. Dabei bewundert sie die großen Glockenblumen und die vielen bunten Schmetterlinge, die um sie herumflattern. Da! Plötzlich setzt sich ein Schmetterling auf ihren Kopf.

Regungslos vor Glück bleibt Lena sitzen und spürt die feinen Flügelbewegungen des Schmetterlings, der sich auf ihrem Kopf ausruht.

Lied # »Mein schöner, bunter Schmetterling«

CD Nr. 17 PB Nr. 26

1 Mein schöner, bunter Schmetterling.
Komm – tanz geschwind,
komm – tanz geschwind.
Mein schöner, bunter Schmetterling,
mit Sonnenstrahlen und dem Wind.

2 Mein schöner, bunter Schmetterling.
Komm – flieg' geschwind,
komm – flieg' geschwind.
Mein schöner, bunter Schmetterling
und lande auf dem Kopf vom Kind.

3 Mein schöner, bunter Schmetterling.
Du ruhst dich aus
vom Windgebraus.
Mein schöner, bunter Schmetterling
und gaukelst nun zurück nach Haus.

Als Handspiel

Spielanleitungen

Die Kinder sitzen im Kreis und bewegen ihre Hand mit raschen Bewegungen der Finger hin und her. Dabei singen sie das Lied. Am Ende der zweiten Strophe landet der »Schmetterling« auf dem Kopf des Kindes. Am Ende der dritten Strophe fliegt der Schmetterling hinter den Rücken des Kindes »nach Hause«.

Als Gruppenspiel

Die Kinder stehen im Kreis. Ein Kind steht in der Mitte und ist als Schmetterling mit zwei zusammengeknoteten Tüchern verkleidet oder hat eine Schmetterlingsfingerpuppe (selbst gebastelt oder gekauft) auf dem Zeigefinger. Die Kinder bewegen sich mit schwingenden Armbewegungen (Flügelschlagen) in Tanzrichtung (links), der Schmetterling tanzt verkleidet in der Mitte. Dabei wird das Lied gesungen. Am Ende der zweiten Strophe sucht der Schmetterling einen neuen Schmetterling, indem er sich zu einem Kind setzt oder der Fingerpuppen-Schmetterling auf dessen Kopf landet. Dieses Kind ist nach dem Singen der dritten Strophe der nächste Schmetterling. Wiederholen, bis alle Kinder an der Reihe waren.

Ausklang mit Klangmassage

Die Kinder gehen zu zweit zusammen und suchen sich einen Platz im Raum. Ein Kind legt sich auf den Bauch oder den Rücken. Das andere kniet sich daneben und massiert das liegende Kind mit den beiden Zauberklangkugeln.

Spielangebot 4

»Ein Garten voller Geheimnisse«

Wiederholung der Geschichte

»Lena im Zauberklanggarten«

Lied

»Mein schöner, bunter Schmetterling« Seite 36, CD Nr. 17, PB Nr. 26

Fortsetzung der Geschichte

Da öffnet sich die Tür des Hauses und der Elf kommt über den Silberpfad auf Lena zugeflogen. Er landet auf ihrem Knie und berichtet: »Du hast Glück, die Elfenkönigin ist zu Hause. Sie schläft jedoch. Wenn du sie trotzdem sprechen willst, darfst du sie nur mit einem Lied mit Zauberklängen aufwecken«. Lena überlegt nicht lange und meint mutig: »Lass uns gehen, das ist für mich nicht schwer.«
Der Elf spricht nun: »Um in das Haus der Elfenkönigin zu kommen, musst du so klein werden wie ich. Deswegen gehe barfuß und mit geschlossenen Augen über den Silberpfad. Dann wirst du so klein wie wir Elfen.« »Einverstanden!«, sagt Lena und hat auch schon ihre Schuhe ausgezogen. Sie schließt die Augen und tastet sich vorsichtig mit ihren Füßen auf dem Silberpfad entlang. Der Silberpfad fühlt sich kalt und glatt an. Doch nach einiger Zeit hat Lena das Gefühl, dass die Steine immer größer werden.
Plötzlich hört sie »Bimmelimme-limm!« und öffnet die Augen. Der Elf steht vor Lena und sie ist so groß wie er. Lena erschrickt ein wenig, weil die Bäume und Blumen so riesig sind. Da ergreift der Elf Lenas Hand und führt sie zur Tür, die sich wieder wie von Zauberhand öffnet.

»Das Ordnen der Steine«

Taktiles Ordnungsspiel:

Die Spielleitung stellt einen Korb mit Steinen (Durchmesser ca. 2 bis 10 cm) in die Mitte des Kreises. Die Kinder versuchen nun, die Steine nach ihrer Größe zu ordnen, dann werden sie in dieser Reihenfolge auf die Alufolie gelegt: zu Beginn des Silberpfades die kleinen Steine und dann immer die jeweils größeren. Die Steine werden ungefähr im Abstand von 3 bis 10 cm gelegt.

Gesprächsimpuls

Warum legen wir die Steine von klein nach groß auf den Silberpfad?

Praxistipp

Während die Kinder im Sitzkreis die Steine sortieren, bereitet die Spielleitung den Silberpfad vor. Dazu legt sie mindestens 3 m Alufolie in einer Schlangenlinie auf den Boden.

»Der Silberpfad«

Taktil-kinästhetisches Wahrnehmungsspiel

Die Kinder stellen sich nun am Anfang (dort, wo die kleinen Steine liegen) des Silberpfades auf. Das erste Kind beginnt: Es schließt die Augen und tastet sich mit den Füßen über den Silberpfad.
Am Ende angekommen, spielt die Spielleitung oder ein anderes Kind mit einer Zauberklangkugel Klänge. Das Kind öffnet daraufhin die Augen und darf beim nächsten Kind den Schlussklang spielen. So lange wiederholen, bis jedes Kind an der Reihe war.

Praxistipp

Den Kindern bei Bedarf beim ersten Durchgang eine Stützhilfe anbieten, indem man ihre Hand während des Balancierens hält. Der Gleichgewichtssinn wird nach einigen Spieldurchgängen jedoch so aktiviert, dass die Hilfestellung in der Regel nicht mehr benötigt wird.

Fortsetzung der Geschichte

Lena tritt in das Haus der Elfenkönigin und staunt:
Die Wände sind weiß, aber irgendwie sehen sie aus, als ob sie durchsichtig wären.
Kleine Fackeln hängen an jeder Wand und verbreiten einen betörenden Blütenduft. »Komm weiter!«, flüstert der Elf und führt Lena zu einem Zimmer. Vor ihr liegt auf einem prächtigen Blütenbett die liebreizende Elfenkönigin und schläft. Lena betrachtet sie interessiert. Die Elfenkönigin hat ein fliederfarbenes Kleid an und auf ihren braunen

Haaren sitzt eine Krone aus Blüten. In ihrer Hand liegt eine Zauberklangkugel aus feinstem Bergkristall und in der Mitte der Kugel ist ein Glöckchen aus Gold. Nun reicht der Elf Lena seine Zauberklangkugel und Lena beginnt, sie auf dem Boden hin und her zu rollen. Dazu singt sie das Lied »Rille, ralle, rugel – meine Zauberkugel«.

Austeilen der Zauberklangkugeln

Übergang Die Spielleitung singt das Lied und rollt dabei jedem Kind eine Zauberklangkugel zu. Dann wird das Lied gemeinsam gesungen und mit entsprechenden Bewegungen durchgeführt.

Lied ***»Die Zauberkugel«*** Seite 29, CD Nr. 15 PB Nr. 25

Spiel mit Tüchern, Glöckchen und Kugeln

Experimentierphase Die Kinder sitzen im Raum verteilt und schließen die Augen. Die Spielleitung legt zu jedem Kind noch zwei Zauberklangglöckchen und/oder Zauberklangkugeln und ein Tuch, sodass jedes Kind drei hat. Auf ein Signal hin, zum Beispiel einem Triller auf der Flöte, öffnen die Kinder die Augen. Nun experimentieren sie mit dem Material. Die Kugeln können zum Beispiel in das Tuch gelegt werden, dieses wird an beiden Enden mit einer Hand zugehalten und durch die Auf- und Abbewegungen der Arme werden die Kugeln hin und her bewegt.

Variante Zu vielen Spielformen, wie zum Beispiel für die oben beschriebene, kann das Lied: »Die Zauberklangkugel« gesungen werden und die Kugeln dabei im 6/8-Takt wiegend im Tuch hin und her gerollt werden.

Spiel mit Glöckchen, Klangkugeln und Tüchern

Wahrnehmungsspiele

Die Kinder legen und wickeln ein Nest mit den Tüchern. In das Nest legen sie ihre drei Glöckchen und Kugeln hinein und suchen sich einen beliebigen Platz auf dem Boden.
Die Spielleitung spielt nun die Melodien oder Playbacks der Lieder: »Die Zauberkugel« (PB Nr. 25) oder »Mein schöner, bunter Schmetterling« (PB Nr. 26). Die Kinder bewegen sich dazu durch den Raum. Die Kinder kehren »selbsthörend« zu ihrem Zauberklangnest zurück, wenn die Melodie zu Ende geht. Folgende Spielvarianten können nun ausgeführt werden:

Die Kinder setzen sich hin und schließen die Augen. Die Spielleitung tippt verschiedene Kinder an, die daraufhin mit einem ihrer Glöckchen oder Kugeln spielen. Die anderen Kinder raten, wer spielt, ob es ein Glöckchen oder eine Kugel ist und woher der Klang kommt.
Ist die Melodie zu Ende, setzen sich die Kinder an ihr Zauberklangnest und jedes Kind spielt mit einer seiner drei Kugeln oder Glöckchen so lange, bis die Musik wieder einsetzt.
Das Ganze noch zwei Mal wiederholen, bis jedes Kind mit jedem seiner Glöckchen oder Kugeln gespielt hat.

Variante

Ausführung wie oben, jedoch ist jedes Kind nach dem Ende der Musik an einem anderen Zauberklangnest. Dort sucht es sich dann eine der drei Kugeln oder Glöckchen aus, mit dem es am liebsten spielen möchte. Mehrmals wiederholen.

Aufräumen des Materials

Übergang

Die Kinder suchen wieder ihr eigenes Zauberklangnest und bringen es in den Sitzkreis. Nacheinander legen sie ihre Glöckchen, Kugeln und Tücher in die dafür vorgesehenen Behältnisse.

Fortsetzung der Geschichte

Nachdem Lena aufgehört hat zu singen, schlägt die Elfenkönigin die Augen auf. Strahlend blaue Augen, so blau wie die Blüten des Vergissmeinnichts, schauen Lena freundlich an. »Nun Kastanienelf, wen hast du mir mitgebracht?«, fragt sie. »Das ist Lena, ein Menschenkind. Sie hat durch ihre Traummusik den Weg zu uns gefunden und hat ein Bitte an dich, liebe Elfenkönigin«, antwortet er.
»Liebe Elfenkönigin«, beginnt Lena schüchtern zu sprechen, »ich finde es so wunderschön in deinem Zauberklanggarten. Darf ich bitte einige Zauberklangkugeln und Glöckchen mit nach Hause nehmen?« Die Elfenkönigin legt ihren Kopf nachdenklich zur Seite und schaut Lena prüfend an. »Nur wenn du vier Rätsel und Prüfungen lösen kannst. Dann weiß ich, ob du würdig bist, ein Geschenk von uns Elfen zu erhalten«, antwortet sie Lena.

Gesprächsimplus

Was bedeutet das Wort »Würde«? Was ist würdig? Die Elfenkönigin will sicher sein, dass Lena weiß, dass die Zauberklangkugeln kostbar sind.

Fortsetzung der Geschichte

Die Elfenkönigin steht auf, bimmelt mit ihrem Zauberklangglöckchen und schon kommt ein Marienkäfer hereingekrabbelt. Lena erschrickt, denn er ist so groß wie ein Hund. Mit seinen Fühlern hält er ein Stück Papier fest und streckt es der Elfenkönigin hin. »Vielen Dank Schwarzpünktchen«, bedankt sie sich beim Marienkäfer, der gleich eilig davonkrabbelt. Sie nimmt das Papier und überreicht es dem Elfen. »Auf dieser Karte sind die Prüfungen und Rätsel zu finden.« Dann schaut sie Lena tief in die Augen und meint: »Hab keine Angst, Lena. Behalte einen klaren Kopf, dann wirst du es schaffen! Lebe wohl«.
Lena und der Elf treten aus dem Haus der Elfenkönigin und breiten den Karte vor sich aus. Das Haus der Elfenkönigin ist darauf zu sehen, aber an jeder Ecke der Karte sind seltsame

Zeichen, Kringel und Buchstaben zu erkennen. Lena wird es etwas mulmig zumute. Ob sie diese geheimnisvollen Rätsel lösen kann?

Karte der Elfenkönigin

Die Spielleitung betrachtet mit den Kindern die Karte. Die Kinder verbalisieren ihre Eindrücke.

Spielangebot 5 »Lena im Schneckenlabyrinth«

Lied ***»Mein schöner bunter Schmetterling«*** Seite 36, CD Nr. 17 PB Nr. 26

Jedes Kind spielt einmal den Schmetterling und bekommt dazu zwei Nylontücher als Schmetterlingsflügel. Die Nylontücher werden für die Durchführung des nächsten Spieles behalten.

Konzentrations-, Tast- und Fühlspiel

»Welche Kugel habe ich?«

Die Kinder sitzen im Kreis. Jedes Kind wickelt aus zwei Nylontüchern ein Zauberklangnest und legt dieses vor sich ab. Die Spielleitung legt nun alle Klangkugeln und Glöckchen unter ein undurchsichtiges Tuch. Jetzt spielt die Spielleitung einen Klang auf einer Triangel oder Sen-plate. Daraufhin holt sich ein beliebiges Kind, indem es tastet, eine der Zauberklangkugeln unter dem Tuch vor, und zwar so, dass niemand die Kugel sehen kann. Haben alle eine Kugel, legen die Kinder sie in ihr Zauberklangnest, wieder möglichst so, dass niemand sie sehen kann. Nun nehmen die Kinder ihr Zauberklangnest in die Hand und die Spielleitung fragt, ob sie spüren können, welche Zauberklangkugel oder welches Glöckchen sie in der Hand haben (es gibt sie in verschiedenen Kugelgrößen, irisierend oder in Eiform). Dann spielt die Spielleitung wieder einzelne Klänge. Daraufhin beginnt ein beliebiges Kind und legt sein Zauberklangnest auf das Tuch. So lange wiederholen, bis alle Kinder nach einer Klangaufforderung ihr Zauberklangnest abgelegt haben. Gemeinsam wird das Arrangement betrachtet. Eventuell mehrmals wiederholen.

Praxistipp

Dieses Spiel fördert die nonverbale Kommunikation und die soziale Intelligenz. Da die Spielleitung die Reihenfolge der Kinder, die ihre Zauberklangkugel tastend aussuchen oder ihr Zauberklangnest ablegen, offen lässt, erfordert es ein hohes Maß an sozialer und emotionaler Intelligenz und Aufmerksamkeit, sich zur richtigen Zeit in den Ablauf zu integrieren. Kinder im Alter ab ungefähr 5 Jahren können diesen hohen Anforderungen meistens gerecht werden.

Wiederholung der Geschichte

»Lena im Zauberklanggarten«

Fortsetzung der Geschichte

»Folge mir«, meint der Kastanienelf und fliegt davon. Lena läuft ihm hinterher. Auf einem runden Platz bleibt sie stehen. Lena schaut sich neugierig um und entdeckt, dass der Platz wie eine riesige Schnecke geformt ist. Auf einer kleinen Tafel liest sie: »Willst du etwas vom Schatz der Elfen, dann begebe dich in die Mitte des Schneckenlabyrinthes. Folge mit geschlossenen Augen den Klängen.«
Lena stellt sich an den Eingang des Labyrinthes, schließt die Augen und hört wunderschöne Zauberklänge. Sie folgt ihnen und hat das Gefühl, dass es eine Ewigkeit dauert. Aber plötzlich ertönen viele Glöckchen und Lena traut sich, die Augen zu öffnen. Sie ist in der Mitte des Schneckenlabyrinthes angekommen und vor ihr liegt eine große, wunderschöne Kristallkugel, aus der silberne Glöckchen herausschimmern. Lena ist entzückt! Sofort möchte sie diese schöne Kristallkugel haben und versucht sie hochzuheben, aber die Kugel bleibt wie angewurzelt liegen. Da entdeckt Lena wieder ein Schild, darauf steht: »Bringe die Kristallkugel zum Haus der Elfenkönigin. Doch nur so, wie es ein Mensch kann.« Lena überlegt. Vielleicht klappt es mit Pusten. Sie pustet und pustet, doch die Kugel bewegt sich kein bisschen. Enttäuscht springt sie auf und stößt dabei mit dem Fuß gegen die Kugel. Und siehe da – die Kugel bewegt sich plötzlich und die Glöckchen im Inneren beginnen zu bimmeln! Lena freut sich, dass sie das Rätsel gelöst hat, und versteht jetzt, was auf dem Schild steht. »Doch nur so, wie es ein Mensch kann.« Denn die Elfen fliegen und gehen nicht auf der Erde wie die Menschen.

Vorsichtig stupst sie die Kristallkugel mit einem Fuß an und bahnt sich so mit ihr den Weg aus dem Schneckenlabyrinth. Draußen wartet der Elf: »Das erste Rätsel hast du gelöst, Lena. Aber jetzt musst du die Kugel noch zur Elfenkönigin bringen.« Lena stupst die Kugel wieder und wieder an und es ist wahrhaftig ein mühevoller Weg bis zum Haus der Königin. Sie legt die Kristallkugel vor der Tür des Hauses ab und setzt sich erschöpft auf die Treppe.

»Im Schneckenlabyrinth«

Auditives und taktil-kinästhetisches Wahrnehmungsspiel

Die Kinder legen mit 5 bis 7 Legeseilen eine große Spirale als Schneckenlabyrinth auf den Boden. In die Mitte legt die Spielleitung einen durchsichtigen Gymnastikball, der mehrere silberne Glöckchen enthält oder einen großen Luftballon, in den einige Glöckchen gesteckt wurden. Dann stellen sich alle Kinder entlang dem Schneckenlabyrinth auf. Die Spielleitung gibt jedem Kind eine Zauberklangkugel bzw. ein Zauberklangglöckchen. Ein Kind ist Lena und stellt sich an den Eingang des Schneckenlabyrinthes. Sie schließt die Augen. Das erste Kind beginnt nun mit seiner Zauberklangkugel zu spielen und Lena bewegt sich zu diesem Klang. Ist Lena bei diesem Kind angekommen, beginnt sofort das nächste Kind in der Reihe, auf seiner Zauberklangkugel zu spielen. Dieser Ablauf wird so lange wiederholt, bis Lena in der Mitte des Labyrinthes angekommen ist. Dann spielen alle Kinder gleichzeitig, Lena öffnet die Augen und rollt den Gymnastikball nur mithilfe der Füße und Beine aus dem Schneckenlabyrinth heraus.
Wiederholen, bis jedes Kind an der Reihe war.

Praxistipp

Die Spielleitung gibt beim ersten Mal die Spieleinsätze für die Klangkugelspieler, indem sie sie antippt. Viele Kinder haben anfangs Probleme, die Zeit bis zu ihrem Spieleinsatz richtig einzuschätzen.

Variante

Die Kinder sitzen um das Schneckenlabyrinth herum und haben eine Zauberklangkugel in der Hand. Ein Kind erhält eine Zauberklangkugel und führt mit dem Klang seiner Kugel Lena, die die Augen geschlossen hält, in die Mitte des Schneckenlabyrinthes. Ist Lena in der Mitte angekommen, dann spielen alle Kinder gleichzeitig mit ihrer Zauberklangkugel. Lena öffnet die Augen und rollt den Gymnastikball nur mithilfe der Füße und Beine aus dem Schneckenlabyrinth heraus. Nun sucht sie eine neue Lena aus und führt diese mit dem Klang ihrer Kugel in die Mitte des Schneckenlabyrinthes.

Praxistipp Diese Spielform ist für die Durchführung mit einer größeren Kindergruppe besonders geeignet, da sich die Kinder dann nicht zu lange konzentrieren müssen.

Fortsetzung der Geschichte

Plötzlich kommt eine Elfe angeflogen und überreicht Lena ein Blütenblatt mit frischem Tau. Gierig trink Lena und ist sofort erfrischt und zu neuen Taten aufgelegt. Munter springt sie auf und schaut mit dem Kastanienelf auf die Karte der Elfenkönigin. »Als Nächstes musst du dieses Rätsel lösen«, meint der Elf und zeigt dabei auf ein seltsames Zeichen, das aussieht wie ein kantiger Kreis. Der Elf führt Lena zu einem Steinhaufen, murmelt einen Zauberspruch und auf einmal wachsen aus den Ritzen der Steine seltsame Röhren in vielen Farben. Außerdem liegen in kleinen Zauberklangnestern Glöckchen und Kugeln. »Wow!«, staunt Lena und fängt an zu kichern. Alles sieht ziemlich bunt und lustig aus. Sie erinnert sich an den Kreis auf dem Plan und zieht nun alle Röhren aus dem Steinhaufen. Diese legt sie auf einem kleinen Hügel in Kreisform in das Gras. »Das sieht nun genauso aus, wie auf dem Plan!«, ruft sie zufrieden. Dann sucht sie sich aus den Zauberklangnestern die Kugeln heraus, die durch die bunten Röhren passen. Nun kommt der große Augenblick! Wird es ihr gelingen, die Kugeln und Glöckchen durch den Röhrenkreis zu rollen, ohne dabei anzuhalten? Die erste Kugel rollt und tatsächlich – sie rollt so schnell durch die Röhren nach unten, dass sie ohne Mühe wieder oben ankommt und ihren Weg nach unten alleine findet.

Lena ist begeistert und der Elf auch. Sie stecken gemeinsam alle passenden Glöckchen und Kugeln in die Röhren, doch da passiert es: Es gibt einen Kugelstau und nichts rollt mehr! »Das waren wohl zu viele Glöckchen und Kugeln«, meint Lena. Sie sucht die schönste Kugel aus und beginnt wieder von vorn. Der Kastanienelf und Lena spielen das Spiel noch lange und ausgiebig.

Spiel mit Papproehren/Boom-Whackern, Klangkugeln und Glöckchen

Experimentierphasen

Die Kinder gehen zu zweit zusammen und bekommen eine Papprohre (bzw. Boom-Whacker) und zwei Glöckchen bzw. Zauberklangkugeln. Die Kinder experimentieren mit dem Material, indem sie es zum Beispiel als Rollröhre, Schüttelröhre, Hockeyschläger oder Ähnliches verwenden.
Die Kinder bilden größere Gruppen und bauen zum Beispiel eine große Kugelröhrenrollbahn mit unterschiedlichen Höhenstufen, durch die sie die Kugeln und Glöckchen rollen lassen.

Taktil-kinästhetisches Wahrnehmungsspiel

Die runde Kugelbahn

Die Kinder stellen sich mit den Papprohren bzw. Boom-Whackern im Kreis auf. Dabei steht immer ein Kind am Übergang zwischen zwei Röhren und verschließt die offene Stelle mit der Hand. Nun steckt die Spielleitung eine Kugel in eine der Öffnungen und die Kinder versuchen, die Kugel in den Röhren im Kreis herumrollen zu lassen.

Praxistipp

Dies ist ein anspruchsvolles Spiel, das die Kinder jedoch in seiner Ausführung sehr fasziniert. Gemeinsam wird versucht, die Kugel durch den ganzen Kreis hindurchrollen zu lassen. Durch gegenseitig zugerufene Tipps wie: »Hochhalten!«, »Kippen!« etc. ist die ganze Gruppe mit Haut und Haaren involviert.

Einsammeln der Materialien

Abschluss

Die Kinder stehen im Kreis. In der Mitte stehen die verschiedenen Körbe für die Kugeln und Glöckchen. Ein Kind nach dem anderen legt seine Kugeln und Röhren im Kreis ab. Es entsteht ein spontanes Kunstwerk, das gemeinsam betrachtet wird.

Spielangebot 6

»Lena und der rasende Zauberklangbaum«

Wiederholung der Geschichte

»Lena im Zauberklanggarten«

Fortsetzung der Geschichte

Dann schauen Lena und der Elf wieder auf die Karte der Elfenkönigin. Es sind noch zwei Rätsel und Aufgaben zu lösen. Lena zeigt auf seltsame Buchstaben, die auf der Karte zu sehen sind. »Nn, Oo, Ssss und W heißen die Buchstaben«, liest sie laut und überlegt, was das zu bedeuten hat. Der Elf jedoch fliegt weg und winkt Lena zu, ihm zu folgen. Sie kommen auf eine Wiese, auf der vier große runde Steine liegen. Auf jedem der Steine liegt eine Zauberklangkugel, und zwar jeweils auf einem blauen, gelben, grünen oder roten Blütenblatt. Lena hat plötzlich eine Idee für die Lösung des Rätsels. »Ich hab's!«, ruft sie begeistert. »Nn, Oo, Ssss und W sind die Anfangsbuchstaben für Norden, Osten, Süden und Westen! Und das sind alles Himmelsrichtungen.« Lena ist erleichtert, schon einen Teil des Rätsels erraten zu haben. »Was muss ich jetzt machen?«, fragt sie den Elf. Der zeigt auf eine Tafel und Lena liest: »Erkenne am Klang der Zauberklangkugeln die Himmelsrichtungen.« Dann meint der Elf: »Stell dich in die Mitte der Steine und schließe deine Augen.« Als Lena mit geschlossenen Augen in der Mitte steht, hört sie vier verschiedene Töne aus den vier verschiedenen Himmelsrichtungen. »Nun drehe dich, sodass du nicht mehr genau weißt, wo du gestanden bist. Dann rate: Ist es der Klang des Nordens, des Ostens, des Südens oder des Westens.« »Oh je!«, denkt Lena, »das ist schwer – hoffentlich bekomme ich das hin.«
Doch Lena hat gute Ohren und kann das hell tönende Glöckchen aus dem Osten gut von dem vollen Klang des Westens, dem klirrenden Klang des Nordens und dem flirrenden Klang des Südens unterscheiden.

Gesprächsimpuls

Die Spielleitung spricht mit den Kindern über folgende Fragen:
- Wo geht die Sonne auf und wo geht sie unter? Wie heißt die jeweilige Himmelsrichtung?
- Wo ist es heiß und wo ist es kalt? (Der heiße Süden und der kalte Norden.)
- Welche Farben passen zu den Himmelsrichtungen? (Zum Beispiel Blau = Norden, Gelb = Süden, Rot = Osten, Grün = Westen.)

»Die klingenden Himmelsrichtungen«

Auditives Wahrnehmungsspiel

Die Kinder versuchen herauszubekommen, in welcher Richtung von dem Raum aus, in dem sie sich gerade befinden, die Sonne aufgeht. Dann legen sie ein rotes Nest in dieser Richtung ab. Dasselbe wiederholen sie mit den übrigen drei Nestern für die restlichen Himmelsrichtungen, dabei sollte der Abstand mindestens 3 Meter betragen. Nun werden vier klanglich passende Zauberklangkugeln oder -glöckchen für jede Himmelsrichtung ausgesucht und in das jeweilige Nest gelegt.

Praxistipp

Eine Klangprobe zur Festigung des Klanggedächtnisses ist hilfreich. Die Kinder stehen dazu zuerst mit geöffneten Augen im Raum. Verschiedene Kinder spielen die jeweiligen Klangkugeln und die Kinder sagen dann zum Beispiel: »Das ist der Klang des Ostens!« Für jüngere Kinder ist es einfacher zu sagen: »Das ist der rote Klang!« Anschließend wird dasselbe Spiel mit geschlossenen Augen durchgeführt.

Die Kinder verteilen sich im Raum und die Spielleitung improvisiert auf der Flöte, auf Stabspielen/Sixflat oder spielt einen Ausschnitt der Bewegungsmusik »Im Zauberklanggarten« von CD (Nr. 18). Die Kinder bewegen sich dazu. Ist die Musik zu Ende, bleiben alle stehen und schließen die Augen.

Daraufhin tippt die Spielleitung ein Kind an, das eine der Klangkugeln aus den Nestern aussucht und spielt. Die anderen Kinder raten, welche Himmelsrichtung klingt.

Mehrmals wiederholen, bis jedes Kind eine Klangkugel aussuchen durfte.

Variante

Jedes Kind bekommt ein Glöckchen. Die Glöckchen sind rot, gelb, grün und blau (zu beziehen als Rhythmikglöckchen bei Firma Wehrfritz). Die Spielleitung spielt zu verschiedenen Fortbewegungsarten, die Kinder bewegen sich dazu im Raum. Ist die Musik zu Ende, schließen die Kinder die Augen und die Spielleitung spielt eine der vier Klangkugeln. Die Kinder raten, welche Klangfarbe zu hören ist, und die Kinder mit der jeweiligen Farbe spielen mit ihrem Glöckchen. Erklingt also zum Beispiel die Zauberklangkugel des Westens aus dem grünen Nest, so spielen alle Kinder mit dem grünen Glöckchen.

Fortsetzung der Geschichte

Der Elf ist zufrieden und meint: »Du kannst gut verschiedene Zauberklangtöne unterscheiden und hast auch diese Prüfung bestanden. Aber nun folgt die vierte und letzte Prüfung. Dazu müssen wir sofort aufbrechen, sonst verpassen wir die Zauberstunde der tanzenden Zauberklangbäume!« Er fliegt so eilig davon, dass Lena Mühe hat, ihm zu folgen.

Sie kommen in einen Wald, in dem die schönsten Zauberklangbäume stehen, die Lena bisher gesehen hat. Gerade in diesem Moment berührt die Sonne die Hügel der entfernt liegenden Berge und da geschieht es: Die Bäume ziehen ihre Wurzeln aus dem Boden und beginnen zu tanzen! Dabei ertönt ein wunderschönes Zauberklangkugel-Konzert, weil sich alle Kugeln und Glöckchen auf den Bäumen dabei bewegen. Als die Sonne hinter den Hügeln untergeht, bleiben alle Zauberklangbäume wie auf einen Schlag stehen. Alles sieht wieder so aus wie vorher. Nur ein Baum, der schnellste und flinkste, kommt nun auf Lena zugelaufen und ruft: »Lauf, lauf, Lena, lauf. Lauf mir hinterher. Hol dir ein Glöckchen oder zwei, das ist doch gar nicht schwer!« Lena lässt sich das nicht zweimal sagen und springt auf den Baum zu, doch sie landet auf dem Boden, denn der Baum ist schon weitergelaufen.

»Kastanienelf, helfe mir!«, ruft Lena verzweifelt und siehe da, nicht nur der Kastanienelf versucht, den Baum zu fangen, sondern aus allen Himmelsrichtungen kommen Elfen ange-

flogen, die mit Lena versuchen, den Baum einzukreisen. Und tatsächlich, gemeinsam gelingt es ihnen und Lena füllt sich die Taschen mit lauter Zauberklangkugeln und Glöckchen des Baumes.

»Der rasende Zauberklangbaum«

Bewegungsspiel

Die Spielleitung fädelt mit den Kindern Glöckchen mit bunten Pfeifenputzern auf und schlingt diese um ein Seil. Dieses Glöckchenseil wird nun um die Schultern des Kindes gelegt, das den »rasenden Zauberklangbaum« spielt. Die Kinder verteilen sich als Zauberklangbäume im Raum, der »rasende Zauberklangbaum« geht auf eines der Kinder zu und ruft:

»Lauf, lauf, Lena*, lauf!
Lauf mir hinterher!
Hol dir ein Glöckchen oder zwei,
das ist doch gar nicht schwer!«

(bzw. der Name des jeweiligen Kindes)*

Daraufhin versucht das Kind den »rasenden Zauberklangbaum« zu fangen. Hat es Probleme damit, ruft es: »Elfen helft mir!« und die anderen Kinder versuchen, als Gruppe den »rasenden Zauberklangbaum« zu umkreisen. Dabei darf der Zauberklangbaum von den Elfen nicht berührt werden! Sie müssen sich an den Händen fassen und versuchen, ihn zu umkreisen, um ihn so zu fangen. Nur Lena darf ihn fangen, indem sie ihn berührt. Dann darf sie sich ein Glöckchen vom »rasenden Zauberklangbaum« aussuchen, das sie sich mithilfe des Pfeifenputzers um das Handgelenk, den Hals oder das Fußgelenk bindet. Nun ist die ehemalige Lena der »rasende Zauberklangbaum«. Das Spiel wird so lange wiederholt, bis alle Kinder an der Reihe waren.
Dann setzen sich die Kinder in den Kreis und die Spielleitung erzählt den Schluss der Geschichte.

Fortsetzung der Geschichte

Plötzlich ertönt ein Gong! »Lena, Lena, wo steckst du nur wieder!«, hört Lena aus der Ferne eine Stimme. »Mama?«, murmelt Lena müde und reibt sich die Augen. Sie kann überhaupt nicht glauben, dass sie zu Hause sein soll. War sie doch soeben noch im Zauberklanggarten beim Kastanienelf und der Elfenkönigin! Und den vielen Elfen, die ihr geholfen haben, den rasenden Zauberklangbaum zu fangen. Lena richtet sich langsam auf. Da hört sie ein Bimmeln und Klingeln. »War es doch kein Traum?«, fragt sich Lena und entdeckt, dass aus ihren Taschen Glöckchen und Kugeln hervorschauen. Lena springt auf und hüpft vor Begeisterung über die Wiese und bei jedem Sprung bimmelt und klingelt es wunderbar.

Abschlusstanz

»Im Zauberklanggarten« mit Zauberklangglöckchen

Tanz in Rondoform

In diesem Tanz werden noch einmal die Themen der vorangegangenen Spielangebote aufgegriffen, was die Kinder als willkommene Wiederholung empfinden. Sie haben Glöckchen- oder Schellenbänder an Hände und/oder Füße gebunden oder Zauberklangkugeln in den Taschen stecken.

Ausgangsstellung: Die Kinder stehen im Kreis und fassen sich an den Händen.

Teil A: Die Kinder hüpfen im Seitgalopp zuerst gegen den Uhrzeigersinn (also in Tanzrichtung) und dann mit dem Uhrzeigersinn, dabei schwingen sie mit den Armen.

Teil B: Hasenhoppelmusik: Die Kinder hoppeln als Hase Knabbelohr durch den Raum.

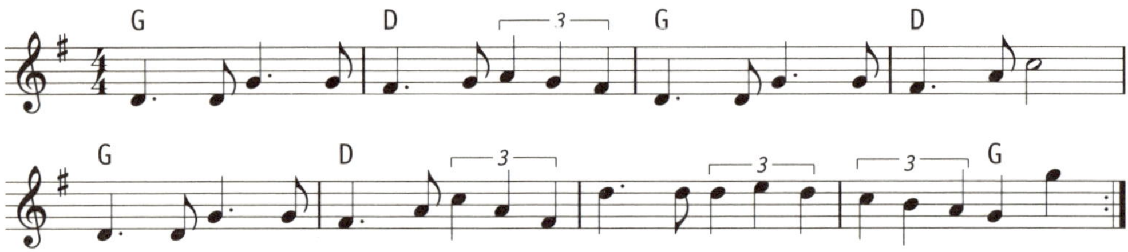

Teil A: Einen großen Kreis bilden und die Hände fassen. In die Kreismitte hüpfen und wieder zurück.
Teil C: Die Kinder tanzen als flatternde Schmetterlinge umeinander herum.

Teil A: Zu zweit an den Händen fassen und sich zur Musik hin- und herwiegen. Dazu sich am Platz drehen.
Teil D: Die Kinder bewegen sich leichtfüßig als Elfen durch den Raum.

Teil A: Einen großen Kreis bilden und im Rhythmus einen Wiegeschritt vor- und zurückschwingen. Die Arme schwingen dabei mit.
Teil E: Die Kinder laufen so schnell sie können als rasender Zauberklangbaum durch den Raum.

Teil A: s. o. oder eigene Idee ausführen.

Im Sommer

Juni · Juli · August

Teil 1 – »Sommer, Sonne, Wasserspaß!«

Spielangebot 1: »Im Regen«
Spielangebot 2: »Fahrrad fahren«
Spielangebot 3: »Im Schwimmbad«
Spielangebot 4: »In der Badewanne«
Weitere Spielangebote zum Lied »Plitsch-platsch Wasserspaß!«

August · September

Teil 2 – »Schlaumax in Rasselprasselhausen«

Spielangebot 1: »Eine Reise nach Rasselprasselhausen«
Spielangebot 2: »Ein Denkmal für den Schachtelstapelplatz«
Spielangebot 3: »Der geheimnisvolle Rasseltausch«
Spielangebot 4: »Rasselfest in Rasselprasselhausen«

Im Sommer

Juni · Juli · August

Sommer, Sonne, Wasserspaß!

Ein »spritziges« Lied steht im Mittelpunkt der Spiele rund ums Wasser.

Grundlage der verschiedenen Spielangebote sind die einzelnen Strophen des Liedes: »Plitsch-platsch Wasserspaß!«. Den Kindern wird auf spielerische Weise vermittelt, in welch vielfältigen Formen Wasser sie umgibt. Aber auch Freizeitaktivitäten wie das Fahrrad fahren, ins Schwimmbad gehen, mit Freunden spielen etc. werden in den Spielangeboten umgesetzt.

Material Reifen, Matten, große Sprungmatte, Seile

Instrumente Klangbausteine (Xylofon oder Metallofon) oder Sen-plates, Rasseln, Raspeln (Guiro), Klanghölzchen, Becken, Schlegel, Rhythmus-Eier, Rain-maker, Handtrommeln, Rührtrommel, Lotusflöte/Flötenkopf, Glockenspiel/Sixflat

Förderschwerpunkte

Auditive Förderung Sensomotorische Koordination von Signalen mit Bewegungsimpulsen.

Persönlichkeitsentwicklung Neue Bewegungsformen ausprobieren. Mutig weit bzw. vom Sprungbrett (Klettergerüst) springen stärkt das Selbstbewusstsein.

Taktil-kinästhetische Förderung Massage mit Rhythmus-Eiern, Rasseln, Rain-maker und Schlegel fördert die Wahrnehmung von Körpergrenzen. Bewegungen zu den Liedern, die Handhabung der verschiedenen Instrumente und auch das pantomimische Darstellen von Tieren im Meer fördern die Körperwahrnehmung.

Sprachentwicklung Koordination von Sprache, Sprachrhythmus und Bewegung beim Singen und gleichzeitigem Bewegen zum Lied.

Sozialverhalten Abwarten können, bis man an der Reihe ist, so auf den Rücken klopfen, dass es dem anderen nicht wehtut, sich freuen, wenn es dem anderen gut tut.

Lied

»Plitsch-platsch Wasserspaß!«

CD Nr. 02, PB Nr. 21

Die Kinder stehen im Kreis. Sie singen das Lied und führen folgende Bewegungen aus.

Refrain

Plitsch-platsch Wasserspaß,	*Im Liedrhythmus mit flachen Handflächen klatschen.*
alle* werden klitschenass!	*Mit den Fingern aus dem Handgelenk imaginäres*

	Plitsch-platsch Wasserspaß klitsche-klatsche nass!	*Wasser verspritzen.*
1	Hör mal, wie die Regentropfen auf den Kopf und Fenster klopfen.	*Mit den Fingerspitzen zart auf den Kopf klopfen.*
	Sind wir denn aus Zucker:	*Fragend umherblicken und sich abtasten.*
	»Nein!«	*Ruftrichter bilden und laut »Nein« rufen.*
	Hüpfen in die Pfützen rein.	*Ein großer Sprung in eine imaginäre Pfütze.*
Refrain	»Plitsch-platsch ...«	*s.o.*

**Anstatt »alle werden« können beliebige Gegenstände, Namen oder Körperteile eingefügt werden. Zum Beispiel: »Die Autos werden klitschenass, die Anne wird ganz klitschenass, die Haare werden klitschenass!« Weitere Ideen der Kinder werden aufgenommen.*

2	Hol das Fahrrad aus dem Keller.	*Ein imaginäres Fahrrad schleppen.*
	Hui, wir fahren immer schneller.	*Einen imaginären Lenker halten und durch den Raum fahren.*
	Wollen jetzt ins Schwimmbad geh'n und dort viele Freunde seh'n.	*Fahrrad abstellen und mit mit Schaugeste nach den »Freunden« seh'n. Dann einem anderen Kind die Hand geben.*
Refrain	»Plitsch-platsch ...«	*s.o.*
3	Und im Schwimmbad ange- kommen, ist das Sprungbrett schnell erklommen.	*Auf eine imaginäre Leiter klettern.*
	»Hopp-di-hopp« und dann Sprung in das Wasser mit viel Schwung.	*Wippen, dann springen. Aufkommen und sich wieder aufrichten.*

Refrain	»Plitsch-platsch ...«	*s.o.*
4	In der großen Badewanne, plantschen wir mir großer Wonne. Achtung, jetzt kommt Mama* rein, spritzen sie mit Wasser ein!	*Mit Seilen die Umrisse einer Badewanne legen. Alle Kinder setzen sich hinein. Alle spritzen mit imaginärem Wasser. Still sitzen und lauschen. Mama* steht vor der Wanne und wird voll Vergnügen nass gespritzt.*
Refrain	»Plitsch-platsch...«	*s. o.*

**Die Spielleitung öffnet eine imaginäre Tür und wird voll gespritzt. Dann fragt sie die Kinder, wer denn nun ins Badezimmer kommt (zum Beispiel ein beliebiges Kind aus der Gruppe oder Familienangehörige). Rollenwechsel.*

Spielangebot

Strophe 1: »Im Regen«

»Pfützenspringen« CD Nr. 03

Reim und Bewegungsspiel

Die Kinder stehen im Stuhl- oder Mattenkreis, der das Haus symbolisiert. Eine ausreichende Anzahl von Reifen liegen als Pfützen im Raum verteilt. Die Kinder sprechen den Reim und führen folgende Bewegungen durch:

Teil A

Es regnet ohne Unterlass und draußen ist jetzt alles nass. Doch wir bleiben nicht zu Haus und gehen in den Regen raus. Die Gummistiefel, eins-zwei-drei, der Friesennerz ist auch dabei.	*Durch imaginäre Fenster des Hauses schauen. Imaginäre Gummistiefel anziehen. Imaginären Regenmantel anziehen. Aus dem »Haus« laufen.*

Teil B

Pfützenspringen,
Pfützenspringen,
ja, das macht uns allen Spaß.
Pfützenspringen, Pfützenspringen
und wir werden klitschenass ...

Von Pfütze zu Pfütze springen.

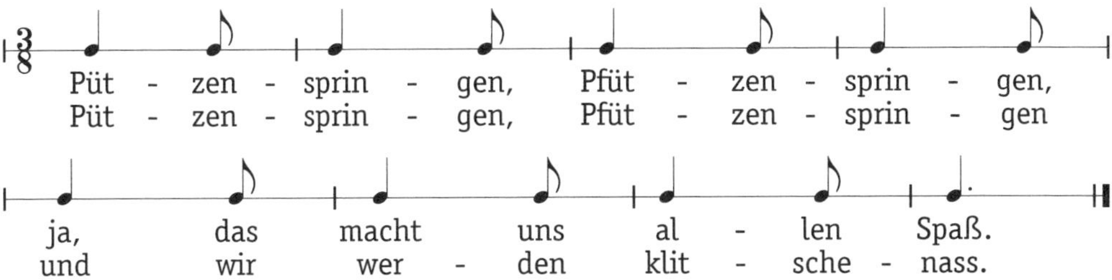

»Pfützenspringen«

Bewegungsspiel Jedes Kind hat eine Pfütze (= Reifen) im Raum liegen. Dann gehen alle durch den Raum und passen auf, dass sie nicht in eine Pfütze treten. Dabei singen sie die 1. Strophe des Liedes und klatschen zum Liedrhythmus des Refrains. Ist der Refrain zu Ende, hüpft jedes Kind in eine Pfütze.

Mehrmals wiederholen.

Varianten

- Die Kinder hüpfen jedes Mal in eine andere Pfütze.
- Die Kinder hüpfen jedes Mal in »ihre« Pfütze.
- Die Kinder hüpfen jedes Mal zu zweit in eine Pfütze.

»Pfützenhupfmusik« CD Nr. 04

Bewegungsspiel Die Spielausführung wie bei dem Bewegungsspiel: »Pfützenspringen«.

Bei Teil A der Musik hüpfen die Kinder durch den Raum. Bei Teil B nehmen die Kinder mit der Musik Anlauf und Hüpfen zu Beginn des zweiten Taktes (ist mit * markiert) in die Pfütze hinein.

»Pfützenspringen«

Auditives Wahrnehmungsspiel

Zwei Kinder sind Instrumentalisten und haben vor sich jeweils zwei Klangbausteine (Xylofon oder Metallofon) stehen. Das erste Kind hat zum Beispiel c1 und g1 und das zweite c2 und e1. Ein drittes Kind stellt sich als »Streichel-Dirigent« hinter die beiden Instrumentalisten. Diese spielen dann auf ihren Instrumenten, und zwar so lange, wie ihnen über den Rücken gestrichen wird. Die »Pfützenspringer« reagieren folgendermaßen auf die Klänge:
Spielt das erste Kind die Klänge c1 und g1, so springen sie vorwärts durch die Pfützen. Spielt das zweite Kind die Klänge c2 und e1, so springen sie rückwärts durch die Pfützen. Anschließend findet ein Rollentausch statt.

»Die Schnecke dirigiert das Regenorchester«

Wahrnehmungsspiel

Die Kinder sitzen im Kreis und haben ein Instrument in der Hand (zum Beispiel Handtrommeln, die sie mit den Fingerspitzen antippen, Sen-plates, Sixflat, Klangbausteine, Klanghölzchen). Ein Kind rollt sich in der Kreismitte als Schnecke ein. Die Instrumentalisten spielen folgendermaßen:
Kriecht die »Schnecke« aus ihrem Haus, so heißt das, dass es regnet: Alle beginnen zu spielen. Verkriecht sich die »Schnecke« in ihrem Haus, so heißt das, dass es aufgehört hat zu regnen: Alle hören auf zu spielen.

Variante

Ein Kind spielt ein Becken oder eine Triangel als Sonnenmusik, wenn die Schnecke sich in ihrem Haus verkriecht.

Spielangebot

Strophe 2: »Fahrrad fahren«

Bewegungsspiel

»Fahrrad fahren«

1. Variante

»Probefahrt«
Jedes Kind hält ein Klangholz als Lenker in der Hand. Alle Kinder sitzen im Kreis und machen erst mal eine Probefahrt. Dabei fahren die Beine Fahrrad in der Luft und der »Lenker« wird mit den Armen von sich gestreckt.

2. Variante »Hui, wir fahren immer schneller«
Die Kinder sitzen im Kreis und die zweite Strophe des Liedes »Auf dem Fahrrad« wird gesungen. Dabei werden das Liedtempo und das Fahrtempo (= Tretbewegung der Beine) passend zum Liedtext gesteigert und dann wieder verlangsamt.

3. Variante »Wir fahren durch die Stadt«
Die Kinder legen mit Seilen Straßen und Kreuzungen auf den Boden. Falls vorhanden, bauen sie mit Spielmaterial, wie zum Beispiel Bänke, Stühle, Matten etc., Häuser an die Straßen. Nun stellt sich jedes Kind an sein Haus und fährt los. Dabei ist zu beachten, dass sich die Fahrradfahrer nicht gegenseitig behindern.

4. Variante »Wir fahren ins Schwimmbad«
Mit Seilen wird das Schwimmbad gelegt und der Rand mit blauen Tüchern verschönert. Es kann aber auch einfach eine Turnmatte auf den Boden gelegt werden. Nun wird das Sprungbrett mit Seilen an das Schwimmbad angelegt (siehe auch selbe Seite unten, Bewegungs- und Wahrnehmungsspiel: »Auf dem Sprungbrett«). Dann stellen sich die Kinder vor ihr Haus, in der Hand halten sie ein Klangholz als Lenker. Sie singen den Refrain und die zweite Strophe und bewegen sich auf einem imaginären Fahrrad in Richtung Schwimmbad. Sind sie am Schwimmbad angekommen, stellen sie sich hintereinander am Sprungbrett auf und springen hinein.

Praxistipp Das »Schwimmbad« liegt am besten etwas außerhalb der »Stadt«.

Spielangebot

Strophe 3: »Im Schwimmbad«

»Auf dem Sprungbrett«

Bewegungs- und Wahrnehmungsspiel Eine große blaue Sprung- oder Gymnastikmatte wird auf den Boden gelegt. Vor der Matte wird mit Seilen das Sprungbrett (Länge ca. 2,5 Meter, Breite ca. 1 Meter) gelegt. Die Kinder

stellen sich nun in einer Schlange am Ende des Sprungbrettes auf. Ein Kind steht etwas außerhalb und hält ein Becken und einen Schlägel in der Hand.
Steht ein Kind vorne auf dem Sprungbrett, wippt es mit den Knien und alle sprechen folgenden Reim:
»In das Wasser mit viel Schwung
machen wir jetzt einen Sprung«.
Bei »Sprung« hüpft es aus dem Stand in das Schwimmbad und das Kind mit dem Becken spielt genau auf das Wort Sprung einen kräftigen Schlag. Nun darf das Kind, das gerade gesprungen ist, auf dem Becken spielen und der bisherige Instrumentalist stellt sich hinten an die Schlange an.

Kreatives Bewegungs-/Ratespiel

»Wer bist du im weiten Meer?«

Impulsgespräch

Die Spielleitung unterhält sich mit den Kindern über Urlaubserlebnisse am Meer oder an einem See. Welche Tiere leben im Meer oder in einem See? Dieses Impulsgespräch führt zur Nennung einer Vielzahl an Tieren. Ergänzende Medien, wie zum Beispiel Bilder und Geschichten, vertiefen dieses Thema zusätzlich.

In der Kreismitte liegen eine große Anzahl an Tüchern, Seilen und anderem Verkleidungsmaterial, möglichst in den Farben Blau und Grün oder weiteren gedeckten Farben. Jedes Kind verkleidet sich nun als ein Meerestier und bewegt sich in charakteristischen Bewegungen durch das »Meer« (= Raum). Die anderen Kinder raten, welches Tier dargestellt wird. Ist das Tier erraten, so spielen alle Kinder die charakteristischen Bewegungen nach. (Sprachliche Führung: »Ein Tintenfischschwarm schwimmt durchs Meer« etc.)

Spielangebot

Strophe 4: »In der Badewanne«

»Im Whirlpool«

Wahrnehmungsspiele

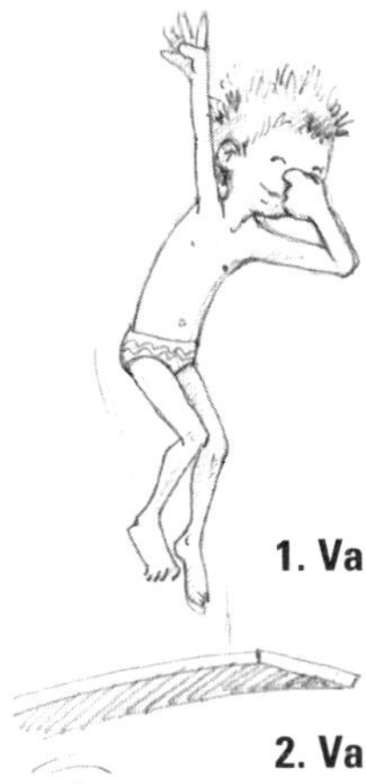

Mit Seilen werden die Umrisse einer Badewanne gelegt, sie wird mit vielen blauen Tüchern ausgelegt. Ein Kind legt sich in Bauchlage in den »Whirlpool« und schließt die Augen. Die anderen bekommen einen Schlägel in die Hand und klopfen zart auf die Körperrückseite des liegenden Kindes.
Sprachliche Erklärung: »Das Klopfen sind die Luftbläschen, die uns im Wasser massieren.«
Rollenwechsel.

1. Variante Die Kinder singen den Refrain des Liedes: »Plitsch-platsch Wasserspaß« und klopfen im Liedrhythmus auf das im »Whirlpool« liegende Kind.

2. Variante Anstelle von Schlägel können Rhythmus-Eier, Rasseln und Rain-maker verwendet werden. Das feine Rieseln in den Rasseln ist für Kinder ein tolles Erlebnis auf der taktilen Wahrnehmungsebene.

Weitere Spielangebote zum Lied »Plitsch- platsch Wasserspaß!«

»Plitsch-platsch Wasserspaß!« Seite 58, CD Nr. 02 PB Nr. 21

Als Klanggeschichte
Die Kinder sitzen im Kreis. Folgende Instrumente sind an sie verteilt: Metallofon-Klangbausteine oder Sixflat/Sen-plates, Handtrommeln, Rain-maker, Rührtrommel, Lotusflöte, Glockenspiel, Becken.
Sie singen das Lied und spielen dazu folgendermaßen auf ihren Instrumenten:

Refrain

Plitsch-platsch Wasserspaß, alle werden klitschenass! Plitsch-platsch Wasserspaß, klitsche-klatsche nass!	*Alle Kinder spielen im Liedrhythmus auf ihren Instrumenten.*

1	Hör mal, wie die Regentropfen auf den Kopf und Fenster klopfen.	*Mit den Fingerspitzen zart auf das Fell der Handtrommeln klopfen.*
	Sind wir denn aus Zucker:	*Rain-maker = Zuckerrieseln …*
	»Nein!«	*bei »Nein« einen kräftigen Schlag auf allen Instrumenten.*
	Hüpfen in die Pfützen rein.	*Bei »Pfütze« kräftig mit der flachen Hand auf die Handtrommeln patschen.*
Refrain	»Plitsch-platsch …«	*s.o.*
2	Hol das Fahrrad aus dem Keller.	*Im Grundschlag auf der Handtrommel spielen = Schrittgeräusche.*
	Hui, wir fahren immer schneller.	*Rührtrommel und Lotusflöte spielen immer schneller.*
	Wollen jetzt ins Schwimmbad geh'n und dort viele Freunde seh'n.	*Immer langsamer spielen. Nach »seh'n« sich gegenseitig mit »Hallo« begrüßen.*
Refrain	»Plitsch-platsch …«	*s.o.*
3	Und im Schwimmbad angekommen, ist das Sprungbrett schnell erklommen.	*Auf einem Glockenspiel (oder Sixflat) eine aufsteigende Tonleiter spielen.*
	»Hopp-di-hopp« und dann	*Spannendes Tremolo auf den Trommeln.*
	der Sprung in das Wasser mit viel Schwung.	*Bei »Sprung« einen kräftigen Schlag auf dem Becken.*

Refrain	»Plitsch-platsch ...«	*s.o.*
4	In der großen Badewanne, plantschen wir mit großer Wonne.	*Mit Metallofon-Klangbausteinen, Sixflats oder Sen-plates spielen (= Plantschgeräusche)*
	Achtung, jetzt kommt Mama rein,	*Leise und geheimnisvoll spielen. Spannungspause!*
	spritzen sie mit Wasser ein!	*Alle Instrumentalisten spielen durcheinander.*
Refrain	»Plitsch-platsch ...«	*s.o.*

Rhythmusspiel mit Refrain

Instrumentalspiel

Die Kinder sitzen im Kreis. Jedes Kind hat ein Sen-plate, einen Klangbaustein, Klanghölzchen oder eine Handtrommel in der Hand.

Spieldurchführungen:
- Alle singen den Refrain und spielen im Liedrhythmus mit ihren Instrumenten dazu.
- Alle singen den Refrain und immer nur ein Kind spielt mit seinem Instrument im Liedrhythmus dazu. Es geht reihum, bis jedes Kind an der Reihe war.

»Welche Strophe hörst du?«

Sensomotorisches Wahrnehmungsspiel

Vier Kinder sind Instrumentalisten. Sie spielen auf folgenden Instrumenten, die charakteristische Geräusche und Klänge der vier Strophen des Liedes »Plitsch-platsch Wasserspaß« darstellen.
Ein fünftes Kind gibt durch Antippen die Spieleinsätze: 1. mal antippen = spielen, 2. mal antippen = aufhören.
Die anderen Kinder reagieren auf die Klänge und Geräusche folgendermaßen:

1. Strophe Fingertremolo auf der Handtrommel = Regentropfen = mit den Fingern auf den Kopf tippen.

2. Strophe Glissandi auf Lotusflöte (oder Flötenkopf) = Windgeräusche beim Fahrradfahren = auf den Boden setzen und mit den Beinen Fahrrad fahren.

3. Strophe Tremolo und Schlag auf der Handtrommel = Anlauf und Absprung auf dem Sprungbrett = schnell anlaufen und einen Sprung machen.

4. Strophe Improvisation auf Sixflat oder Metallofon = Wassergeplätscher = sich gegenseitig mit imaginärem Wasser voll spritzen.

1. Variante Spielt ein Instrumentalist, stellen alle anderen Kinder die jeweilige Strophe dar und führen die entsprechenden Bewegungen aus. Erklingt zum Beispiel ein Fingertremolo auf der Handtrommel, wird die erste Strophe gesungen und gleichzeitig mit den Fingern auf den Kopf getippt.

2. Variante Die Spielleitung (oder ein Kind) improvisiert auf dem pentatonischen Sixflat oder einem Metallofon eine »Wassermusik«, die anderen Kinder bewegen sich dazu im Raum. Ist die Musik zu Ende, bleiben sie stehen. Der Antipp-Dirigent tippt einen der Instrumentalisten an und die anderen Kinder hören, welches Instrument gespielt wird. Daraufhin führen sie die entsprechenden Bewegungen dazu aus.

3. Variante Die Kinder bewegen sich zur »Pfützenhüpfmusik« CD. Nr. 04 durch den Raum. Ist die Musik zu Ende, bleiben sie stehen und hören, welches Instrument spielt und welche entsprechende Bewegung sie dazu ausführen können.

Im Sommer – Teil 2

August · September

Schlaumax in Rasselprasselhausen

Eine Spielgeschichte mit viel Gerassel, vielen Schachteln, einem Rassellied und vielen Spielen zum Hören, Lauschen und Bewegen.

Die Spielgeschichte »Schlaumax in Rasselprasselhausen« ist grundsätzlich nicht an eine Jahreszeit gebunden. Sie kann als neutrales Thema zu jeder Jahreszeit eingesetzt werden, jedoch haben Rasseln eine Assoziation von Urlaub und fremden Ländern. Deshalb wird die Geschichte »Schlaumax in Rasselprasselhausen« zeitlich als Angebot nach den großen Ferien vorgeschlagen. Die Geschichte kann im Zusammenhang mit einem Projekt umgesetzt werden, bei dem Rasseln gebastelt werden. Dazu bringen die Kinder verschiedene Behältnisse von zu Hause mit, wie Klopapierrollen, kleine Körbe, Schachteln, Büchsen u. Ä. Sie werden mit Körnern, Schrauben, Unterlegscheiben, Ketten und allem, was in die jeweilige Rassel hineinpasst, befüllt und dann verschlossen.

Aber auch die altbewährte Glühbirnenrassel kann hier wieder zum Einsatz kommen. Anleitung: Eine Glühbirne mit in Kleister getauchtem Zeitungspapier umwickeln, trocknen lassen, individuell bemalen und dann das Glas im Inneren durch Klopfen zum Brechen bringen. Fertig ist die Rassel!

Material Für jedes Kind zwei Rasseln. Es können Pappschachteln sein oder Dosen aus Holz, Blech, Plastik und Körbe, die mit unterschiedlichem Material gefüllt werden.
Schon vorhandene Rasseln wie Naturrasseln (Kaxixis, Kalebassen) und Schütteleier können eingesetzt werden. Für jedes Kind sollte jedoch eine zu öffnende Rassel wie eine Schachtel, Dose oder Körbchen zur Verfügung stehen. Außerdem werden Tücher und Seile benötigt.

Förderschwerpunkte

Taktil-kinästhetische Förderung Durch Bewegung zum Lied, durch die unterschiedlichen Fortbewegungsarten, durch Tasten und Spüren der unterschiedlichen Rasseln und ihren jeweils unterschiedlichen Inhalten (zum Beispiel Schrauben, Reis etc.)

Sprachentwicklung Die ausgeprägte rhythmische Syllabierung der Dialoge fördert in besonderem Maße die Sprache und kann einer Legasthenie vorbeugen.

Auditive Förderung Spielerische Hördifferenzierung durch das Hören von unterschiedlichen Materialien in unterschiedlichen Rasselbehältern. Zum Beispiel hören sich Metallschrauben in einer Korbrassel anders an als in einer Blechdosenrassel.

Spielangebot 1

»Eine Reise nach Rasselprasselhausen«

Einführung in die Geschichte

»Schlaumax in Rasselprasselhausen«

Heute wollen wir gemeinsam einen Besuch in der Stadt Rasselprasselhausen machen. Rasselprasselhausen ist etwas sehr Besonderes. Alle Einwohner der Stadt Rasselprasselhausen, egal ob groß oder klein, haben immer eine Rassel bei sich. Jedes Kind, jede Frau und jeder Mann überlegen ständig, aus was sie alles Rasseln basteln können. Sie sammeln immer und überall irgendwelche Behältnisse wie Schachteln aus Pappe und Blech. Aber auch Dosen, Vasen, Körbe, Büchsen und sogar Schränke, egal ob sie groß oder klein, bunt, schmutzig oder zerbrechlich sind.

Praxistipp Um die Aufmerksamkeit der Kinder beim Vorlesen zu erhalten, können sie folgendermaßen aktiv beteiligt werden: Immer wenn im Text »Rasselprasselhausen« vorkommt, macht die Spielleitung eine Pause und die Kinder rufen »Rasselprasselhausen«.

Variante Größere Kinder ab ca. 6 Jahre entscheiden bei den Pausen, ob entweder »Rasselprasselhausen« oder das Wort »Rasselprasselhausener« in den jeweiligen Satz passt.

Austeilen der Rasseln

Übergang Die Kinder sitzen im Kreis. In der Kreismitte liegt ein Korb mit kleinen und eher leisen Rasseln. Die Spielleiterin rasselt jedem Kind mit ihrer Rassel zu, daraufhin sucht sich das Kind eine Rassel aus. Wiederholen, bis jedes Kind an der Reihe war.

Lied **»In Rasselprasselhausen«**

CD Nr. 06, PB Nr. 22

Spieldurchführung Die Kinder stehen im Kreis und haben eine Rassel in der Hand. Das Lied wird gesungen und die entsprechenden Bewegungen dazu ausgeführt.

1	In Rasselprasselhausen gibt's keine Rasselpausen.	*Kinder spielen mit Rasseln im Liedrhythmus.*
	Wir sind in einer Stadt, die Rasseln gerne hat!	*Bei »Rasseln« laut und schnell rasseln.*

2	In uns'rem Rasselllande	*Mit der Rassel im Rhythmus in alle Richtungen rasseln.*
	sind wir die Rasselbande.	*Im Rhythmus auf sich selbst klopfen oder Angebergeste mit den Armen und dabei mit Rassel in der Faust rasseln.*
	Das allerkleinste Kind	*Schlafgeste mit einer Hand, die andere*
	lernt rasseln ganz geschwind!	*rasselt im Rhythmus des Liedes weiter.*
3	Beim Essen und beim Trinken	*Mit der einen Hand pantomimisch essen*
	tun wir mit Rasseln winken.	*und mit der anderen mit der Rassel winken.*
	Bei jeder Spielerei	*Wild herumhüpfen oder zappeln und dabei*
	sind Rasseln mit dabei!	*mit den Rasseln rasseln.*
4	Die Rasseln, die wir lieben,	*Die Kinder drücken ihre Rassel an ihr Herz*
	sie sind total verschieden.	*und zeigen sich gegenseitig ihre Rasseln.*
	Mal sind sie groß, mal klein	*Im Rhythmus über dem Kopf, dann in Kniehöhe spielen. Rassel ans Ohr*
	und klingen auch ganz fein.	*halten und leise spielen.*

Varianten Wird das Lied wiederholt, dann tauschen die Kinder ihre jeweiligen Rasseln.
Das Lied kann auch am Platz sitzend mit entsprechenden Bewegungen durchgeführt werden.

Praxistipp Weil die Schachtelrasseln unter Umständen sehr laut sind, ist es günstig, das Lied mit kleinen Rasseln, z. B. Eier-Shakern, zu spielen.

Einsammeln der Rasseln

Übergang Die Kinder rasseln nacheinander jeweils mit ihrer Rassel und legen sie dann in den Korb zurück.

Fortsetzung der Geschichte

Manche Rasselprasselhausener fahren sogar mit einem großen Anhänger umher, um immer ihre riesige Lieblingsrassel bei sich zu haben und um auf ihr spielen zu können, wann immer sie Lust dazu haben. Andere wiederum haben eine so kleine Lieblingsrassel, dass man sie mit der Lupe suchen muss, um sie überhaupt zu entdecken. Die Minirassel wird dann mit einer Pinzette angefasst und vorsichtig am Ohr gerasselt.
In Rasselprasselhausen bekommt schon das kleinste Kind eine Rassel in die Wiege gelegt. Und das haben sich auch alle anderen Leute auf der ganzen Welt von Rasselprasselhausen abgeschaut, weil es den kleinen Kindern so gut gefällt.
Und weil es Rasselprasselhausen schon sehr lange gibt, gibt es dort auch das »Rasselprasselhausener Rasselmuseum«. Es wird von vielen Besuchern aus der ganzen Welt gerne besucht , weil sie dort sogar selbst mit den Rasseln spielen können.

Gesprächsimpuls

- Was ist ein Museum?
- Wart ihr schon mal in einem Museum?
- Was habt ihr dort gesehen?

Busfahrt nach Rasselprasselhausen

Übergang Die Kinder legen mit Seilen die Umrisse eines Busses auf den Boden und steigen ein. Sie setzen sich paarweise hintereinander, schließen die Augen und begleiten sich stimmlich mit passenden Fahrtgeräuschen. Von der Busfahrt werden sie ganz müde und schlafen ein.

Während die Kinder noch Bus fahren, bereitet die Spielleiterin das Rasselmuseum vor. Sie breitet drei verschiedenfarbige Tücher auf einer Bank aus und legt auf jedes Tuch verschiedene Rasseln. Dann bedeckt sie die Rasseln mit einem großen Tuch und weckt die Kinder mit einer Rassel auf.
Die Kinder steigen aus dem Bus und stellen sich in einer Schlange am Eingang des Museums auf.

»Im Rasselmuseum von Rasselprasselhausen«

Experimentierphase

Die Spielleiterin deckt die Rasseln auf und erklärt den Kindern als Museumswächterin (mit Schirmmütze, falls zur Hand) das Museum. Das könnte sich etwa so anhören: »Guten Tag, ich darf euch alle im weltberühmten Rassel-Museum von Rasselprasselhausen begrüßen. Damit alles gut klappt, bitte ich Folgendes zu beachten:

- Jeder Besucher darf aus jeder Rasselvitrine (sie zeigt auf die einzelnen Tücher mit den Rasseln) nur eine Rassel aussuchen und sie ausprobieren.
- Vor jeder Rasselvitrine darf nur ein Besucher stehen und mit einer Rassel spielen.
- Ist ein Besucher mit Rasseln fertig, rückt der nächste nach.

Ich wünsche allen einen schönen rasseligen Aufenthalt im Rasselprasselhausener Rasselmuseum.«
Jetzt beginnt das erste Kind, sucht sich eine Rasseln aus der ersten Vitrine aus und rasselt mit dieser. Hat das Kind genug gerasselt, legt es die Rassel hin und sucht sich in der nächsten Vitrine eine neue Rassel aus. Das nächste Kind rückt nach. So lange wiederholen, bis alle Kinder an der Reihe waren.

»Was ist in den Rasselschachteln?«

Experimentierphase

Das Spiel »Im Rasselmuseum von Rasselprasselhausen« (s. o.) wird wiederholt, jedoch sucht sich dieses Mal jedes Kind eine Rassel aus, die zu öffnen ist. Dann kann es hineinschauen und den Inhalt fühlen und betasten. Das Füllmaterial wird benannt (zum Beispiel Steine, Körner). Dann wird die Rassel wieder verschlossen und an ihren Platz gestellt. Wiederholen, bis jedes Kind an der Reihe war.

Praxistipp Je nach Gruppengröße und Gruppendynamik können die anderen Kinder um das jeweilige Kind stehen und ebenfalls schauen und fühlen.

»Was fühlst du?«

Taktiles Wahrnehmungsspiel Alle Rasseln, die zu öffnen sind, werden aus dem Rasselmuseum herausgeholt und zusammengestellt. Dann stellen sich die Kinder im Halbkreis auf. Das erste Kind schließt nun als Einziges seine Augen. Die Spielleitung sucht eine Rassel aus, öffnet diese und führt die Hand des »blinden« Kindes in die Rassel. Das Kind fühlt, tastet und beschreibt, was es fühlt (hart oder weich, rund oder eckig, kalt oder warm etc.) und sagt wenn möglich auch, was es für ein Material ist.
Dann öffnet es seine Augen und das Kind neben ihm schließt die Augen. Das Kind, das zuerst geraten hat, sucht eine neue Rassel aus und führt das Spiel wie oben durch. So lange wiederholen, bis jedes Kind an der Reihe war. Zum Schluss sucht das letzte Kind für die Spielleitung eine Rassel zum Fühlen und Tasten aus.

Übergang Die Kinder behalten die Rassel, deren Inhalt sie betastet und erraten haben, bei sich und stellen sie vor sich auf den Boden. Oder sie holen sich »ihre« Rassel nach Ende des Spieles ab, um mit ihr das folgende Lied zu begleiten.

Lied ***»In Rasselprasselhausen«*** siehe Seite 71,
CD Nr. 06 PB Nr. 22
Verwendet werden laute Rasseln.
Nachdem das Lied gesungen wurde, versuchen die Kinder, die Rasseln übereinander zu stapeln oder eine interessante Figur auf den Boden zu legen.

Spielangebot 2

Ein Denkmal für den Schachtelstapelplatz

Wiederholung der Geschichte

»Schlaumax in Rasselprasselhausen«

Übergang

Austeilen der Rasseln, siehe Seite 71

Lied

»In Rasselprasselhausen«, siehe Seite 71

Übergang

Einsammeln der Rasseln

Die Kinder rasseln nacheinander mit ihrer Rassel und legen sie dann in den Korb zurück.

Fortsetzung der Geschichte

In Rasselprasselhausen gibt es einen großen Platz, der heißt Schachtelstapelplatz. Dort liegen viele Schachteln und Unmengen von Krimskrams, die jeder zu viel hat. All das ist zu einem Denkmal aufgestapelt und jeder Besucher von Rasselprasselhausen meint, ein Künstler hat das Denkmal erbaut.

Gesprächsimpuls

- Was ist ein Denkmal?
- Wer war schon einmal an einem Denkmal?
- Gibt es ein Denkmal bei uns in der Nähe?
- Wie sieht es aus?
- Was will es uns sagen?
- Wer baut normalerweise Denkmäler?

Wahrnehmungsspiel

»Welche Rassel hörst du?«

Die Spielleitung legt vier Tücher zu einem Quadrat auf den Boden. Das ist die Abgrenzung des Schachtelstapelplatzes. Anschließend legt sie alle Rasseln um diese Abgrenzung des Schachtelstapelplatzes herum.

Nun spielt die Spielleitung auf der Flöte oder einem anderen Instrument Melodien zu verschiedenen Fortbewegungsarten oder sie improvisiert auf die Melodie des Liedes »In Rasselprasselhausen« verschiedene Fortbewegungsarten. Sie kann statt mit Instrumenten auch die einzelnen Strophen des Liedes von der CD (PB Nr. 22) spielen.

Die Kinder bewegen sich dazu im Raum, ist eine Strophe oder das Musikstück zu Ende, bleiben die Kinder stehen und schließen die Augen. Daraufhin tippt die Spielleitung ein Kind an. Dieses öffnet die Augen und sucht sich eine Rassel aus, die es spielt. Die Kinder raten, aus welcher Richtung die Rassel erklingt, welche Rassel es ist, wie sie aussieht und was in ihr enthalten ist.
Das Spiel wird so lange wiederholt, bis jedes Kind eine Rassel hat und sich alle zur Musik mit den Rasseln im Raum bewegen.

Hinweis Dieses Spiel erscheint auf den ersten Blick recht schwierig. Jedoch werden durch die emotionale, kindgerechte Ansprache und die Spielbegeisterung der Kinder das Gedächtnis und die sprachliche Merkfähigkeit sehr gefördert. Es ist in der Regel für die Kinder kein Problem, sich die vielen Rasseln und ihre Inhalte zu merken. Zumal die jüngeren Kinder auch von der Merkfähigkeit der älteren profitieren.

Praxistipp Günstig ist es, wenn die Spielleitung fragt, ob die Rassel aus Plastik, Blech/Metall, Holz oder Pappe ist und danach erst die Frage nach dem Rasselinhalt stellt.

»Wir bauen ein Denkmal für den Schachtelstapelplatz!«

Experimentierphase Die Kinder setzen sich mit ihrer Rassel um den Schachtelstapelplatz. Die Spielleitung hat eine Rassel in der Hand und berührt der Reihe nach jedes Kind am Rücken. Dieses legt dann eine der Rasseln, die vor ihm liegen, auf den Schachtelstapelplatz. Die Kinder versuchen, ein Denkmal zu bauen, indem sie passende Schachtelrasseln, Rasseln jeder Art (soweit sie von der Form geeignet sind) und weiteres Material (s. u.) stapeln oder aneinander legen.

Variante Die Spielleitung kann auch andere Materialien (Stäbe, Vierkanthölzer, Reifen, Ringe etc.) als Stapelmaterial anbieten. Denn die Rasselprasselhausener sammeln ja alles!

Gesprächsimpuls Ist das Denkmal fertig, wird es »interpretiert«. Nach was sieht es aus? Wie ein Tier? Oder vielleicht wie ein berühmtes Bauwerk (Eiffelturm)?

Ruhephase Die Spielleitung spricht: »Die Rasselturmuhr schlägt neun. Alle Rasselprasselhausener gehen schlafen.« Sie rasselt neun Mal mit einer Rassel und zählt dazu laut mit. Die Kinder legen sich auf den Boden und schließen die Augen. Die Spielleitung summt die Melodie des Liedes »In Rasselprasselhausen« und streicht mit einer Naturrassel, wie zum Beispiel einer Kalebasse, über den Rücken oder den Bauch jedes Kindes. Dann legt sie zu jedem Kind ein Seil. Ist sie fertig, spricht sie: »Die Rasselturmuhr von Rasselprasselhausen schlägt sieben Uhr. Aufstehen!« Sie rasselt sieben Mal mit der Rassel und zählt laut mit. Die Kinder setzen sich mit ihrem Seil um den Schachtelstapelplatz.

Fortsetzung der Geschichte *Vom Schachtelstapelplatz gehen sternförmig Straßen und kleine Wege ab. In diesen Straßen leben die Rasselprasselhausener Einwohner. Es gibt aber noch eine große Besonderheit: In Rasselprasselhausen sind die Straßen nach den Rasseln benannt, die in den jeweiligen Häusern zu finden sind. Deswegen ziehen die Bewohner des Öfteren um, weil sie immer wieder neue und andere Straßen mit ihren Rasseln ausprobieren wollen. Sind in einer Straße nur Rasseln, die mit Sand gefüllt sind, dann heißt die Straße »Sandkörnerweg«. Es gibt zum Beispiel auch den »Klunckersteinweg«, die, »Steinbollerstraße«, die »Bohnenwaldstraße«, den »Kornrieselsteig« oder die Adresse »Zum Schraubenklacker«.*

Gesprächsimpuls Die Kinder stellen sich vor, wie es ist, so einfach von einem Haus oder einer Wohnung in die andere zu ziehen. Dabei bleibt zu Hause alles so, wie es war, und sie können ihre Spielsachen nicht mitnehmen. Können wir uns das mit unserer Familie auch vorstellen?

»Die Straßen von Rasselprasselhausen«

Experimentierphase und Übergang

Die Kinder legen mit ihren Seilen die Straßen von Rasselprasselhausen auf den Boden. Sie setzen sich alleine, zu zweit oder in kleinen Gruppen in ihre Häuser. Die Spielleitung tippt jedes Kind an. Die angetippten Kinder suchen sich ihre Lieblingsrassel aus den übrig gebliebenen Rasseln am Schachtelstapelplatz aus und setzen sich wieder in ihre Straße/Haus zurück.

»Wie heißt deine Straße in Rasselprasselhausen?«

Sprachspiel

Die Spielleiterin geht zu jedem Kind und fragt, wie seine Straße heißt. Sie gibt allerdings folgende Hilfestellungen: Zuerst benennt sie ihre eigene Straße (zum Beispiel Kettenprasselallee oder Dosenrasselweg), dann fragt sie die einzelnen Kinder: »Aus was ist deine Rassel?«, »Was ist in deiner Rassel drin?«, »Wie heißt deine Rassel?«.

Lied

»In Rasselprasselhausen«, siehe Seite 71,
CD Nr. 06 PB Nr. 22

Die Kinder sind in ihrer jeweiligen Rasselprasselhausener Straße. Das Lied wird gemeinsam gesungen und die entsprechenden Bewegungen dazu ausgeführt.

Einsammeln des Materials

Übergang

Die Spielleiterin spricht: »Die Rasselturmuhr schlägt neun Mal und die Rasselprasselhausener gehen schlafen.« Dann spielt sie neun Mal auf ihrer Rassel und zählt laut mit. Alle Kinder legen sich hin und schließen die Augen. Die Spielleiterin berührt jedes Kind mit der Rassel, dieses steht daraufhin auf, legt seine Rassel in die bereitstehenden Körbe, das Seil auf einen entsprechenden Platz und setzt sich.
Wiederholen, bis jedes Kind an der Reihe war.

Spielangebot 3 ## »Der geheimnisvolle Rasseltausch«

Wiederholung der Geschichte

»Schlaumax in Rasselprasselhausen«

Austeilen der Rasseln

Übergang

Die Kinder schließen die Augen und die Spielleiterin tippt ein Kind an. Daraufhin holt sich dieses zwei Rasseln und spielt eine nach der anderen. Die anderen Kinder raten, welche Rassel gespielt wird. Wiederholen, bis jedes Kind zwei Rasseln hat.

Lied

»In Rasselprasselhausen« siehe Seite 71

»Wir bauen ein Denkmal für den Schachtelstapelplatz!«

Experimentierphase

Spieldurchführung wie auf Seite 77. Jedoch gibt die Spielleiterin jedem Kind durch das Zurasseln den Einsatz, eine der beiden Rasseln (oder anderes Material) in die Mitte des Schachtelstapelplatz zu legen.

»Die Straßen von Rasselprasselhausen«

Experimentierphase und Übergang

Die Spielleiterin spricht: »Die Rasselturmuhr schlägt neun. Alle Rasselprasselhausener gehen schlafen.« Sie rasselt neun Mal mit einer Rassel und zählt laut mit. Die Kinder legen sich hin und die Spielleiterin summt die Melodie des Liedes »In Rasselprasselhausen«. Dabei verteilt sie an jedes Kind ein Seil. Die Rasselturmuhr schlägt nun sieben Mal und die Kinder wachen auf.
Dann legen sie die Straßen von Rasselprasselhausen mit den Seilen auf den Boden und setzen sich in ihre Straße / Haus.

Fortsetzung der Geschichte

Die Rasselprasselhausener leben alle sehr zufrieden
und wollen ihr schönes Schachtelrasselstädtchen mit keinem
noch so schönem Platz auf der ganzen Welt tauschen.
Wie jeden Abend gehen die Rasselprasselhausener in ihr Bett,
als die Rasselturmuhr neun Mal schlägt.

Spielleiterin spielt mit der Rassel neun Mal und zählt mit den Kindern laut mit. Die Kinder legen sich hin und schlafen. Dann vertauscht die Spielleiterin die Rasseln der Kinder untereinander.

Doch eines Tages passiert etwas Sonderbares. Als am Morgen die Rasselprasselhausener mit sieben Rasselschlägen …

Spielleiterin spielt sieben Mal mit der Rassel und zählt mit den Kindern laut mit.

… ihrer Turmuhr geweckt werden, greifen sie, wie jeden Morgen sofort nach ihrer Lieblingsrassel neben ihrem Bett, um den Tag mit einem schönen Rasselklang zu begrüßen. Doch was hören ihre Ohren und was staunen ihre Augen: Jeder hat eine ganz andere Rassel in der Hand, als die, die er am Abend vor sein Bett gelegt hat! …

Die Kinder stehen auf und rufen:

Durch ganz Rasselprasselhausen tönt ein entsetztes: »Oh, wie schrecklich!«

und spielen mit ihren Rasseln im Sprechrhythmus dazu.

… »Oh, wie schrecklich!« und alle Einwohner stürzen verschlafen im Nachthemd und mit strubbeligen Haaren vor die Haustür. Dort schauen sich alle verdutzt an und wissen überhaupt nicht, wie so ein Rasseltausch überhaupt passieren konnte. Plötzlich herrscht ein großes Durcheinander, weil jeder Rasselprasselhausener versucht, die fremde Rassel wieder an die richtige Adresse zu bringen.

Die Kinder versuchen »ihre« Rassel wiederzufinden.

Es dauert lange, bis jede Rassel wieder an ihrem richtigen Platz ist. Dann ziehen sich die Rasselprasselhausener erst einmal an, denn sie sind ja immer noch in den Nachtgewändern.

Sich pantomimisch waschen, Zähne putzen, aus- und anziehen.

Alle Einwohner treffen sich am Schachtelstapelplatz, das machen sie immer, wenn es mal Probleme in Rasselprasselhausen gibt.

Die Kinder setzen sich um den Schachtelstapelplatz.

Die Rasselprasselhausener setzen sich in einen Kreis zusammen und legen ihre Lieblingsrassel vor sich hin. …

Die Kinder legen ihre Rassel vor sich hin.
... Die Bürgermeisterin Rita Rasselschmassel stellt sich vor das Schachtelstapel-Denkmal. ...
Ein Kind wird als Bürgermeisterin oder Bürgermeister (Rudolf Rasselschmassel) ausgewählt und stellt sich vor das Denkmal.
... Zur Begrüßung beginnen alle Rasselprasselhausener laut zu rasseln.

»Rasselprasselhausen in Not!«

Call and response Die Kinder halten ihre Rassel spielbereit in der Hand, sie begleiten sich zu den gesprochenen Dialogen so, dass sie jede Silbe deutlich betonen und dies mit einem Rasselschlag unterstreichen. Die Spielleiterin muss jedoch die Vorsprecherin sein und dirigiert dabei mit ihrer Rassel, wer dran ist.
Call – Die Bürgermeisterin: Response – Rasselprasselhausener:

»Einen rasselmäßig guten Morgen!«
»Einen rasselmäßig guten Morgen zurück!«
»So kann es nicht weitergehen!«
»So kann es nicht weitergehen!«
»Genau!«
»Genau!«
»Wir müssen etwas unternehmen!«
»Ja!« »Sofort!« »Aber flott!«.

Praxistipp Der gesamte Ablauf kann mit unterschiedlichen Bürgermeisterinnen und Bürgermeistern mehrmals wiederholt werden.

Einsammeln des Materials

Übergang Die Spielleiterin spricht: »Die Rasselturmuhr schlägt neun Mal. Alle Rasselprasselhausener schlafen.« Die Kinder legen sich hin und die Spielleiterin sammelt die Rasseln ein. Dabei summt sie das Lied »In Rasselprasselhausen«.
Dann schlägt die Rasselturmuhr sieben Mal, die Kinder wachen auf und die Spielleiterin bittet sie, die Seile an den vorgesehenen Platz zu legen.

Spielangebot 4

»Rasselfest in Rasselprasselhausen«

Wiederholung der Geschichte

»Schlaumax in Rasselprasselhausen«

Übergang ***Austeilen der Rasseln*** siehe Seite 71

Lied ***»In Rasselprasselhausen«*** siehe Seite 71

Übergang ***Einsammeln der Rasseln***

Die Kinder rasseln nacheinander mit ihrer Rassel und legen sie dann in den Korb zurück.

»Wir bauen ein Denkmal für den Schachtelstapelplatz!«

Experimentierphase

Spieldurchführung wie auf siehe Seite 77. Jedoch gibt die Spielleiterin jedem Kind durch das Zurasseln den Einsatz eine der beiden Rasseln (oder anderes Material) in die Mitte des Schachtelstapelplatz zu legen.

»Die Straßen von Rasselprasselhausen«

Experimentierphase und Übergang

Die Spielleiterin spricht: »Die Rasselturmuhr schlägt neun. Alle Rasselprasselhausener gehen schlafen.« Sie rasselt neun Mal mit einer Rassel und zählt dabei laut mit. Die Kinder legen sich hin und die Spielleiterin summt die Melodie des Liedes »In Rasselprasselhausen«. Dabei verteilt sie an jedes Kind ein Seil. Die Rasselturmuhr schlägt nun sieben Mal und die Kinder wachen auf. Sie legen die Straßen von Rasselprasselhausen mit den Seilen auf den Boden und setzen sich in ihre Straße/Haus.

Variante

Die Kinder liegen in ihrer Straße und haben die Augen geschlossen. Die Spielleitung tippt nun zwei Kinder an, die die Rasseln der anderen Kinder vertauschen. Während des Tauschens spielt die Spielleitung auf der Flöte eine Ruhemelodie, zum Beispiel die Melodie des Liedes »In Rasselprasselhausen«, improvisiert auf einem Metallofon oder einem Sixflat. Die Spielleitung rasselt sieben Mal, die Kinder wachen auf, rufen: »Oh, wie schrecklich!« und suchen ihre richtige Rassel. Mehrmals mit unterschiedlichen »Tauschkindern« wiederholen.

Praxistipp Den Tauschkindern bestimmte Straßen/Kinder zuordnen, bei denen sie die Rasseln vertauschen, da beim Tauschen den Kindern leicht die Übersicht verloren gehen kann.

»Der schlaue Max Warzenwiener«

Darstellendes Spiel Zuerst wird die Rolle des »Max Warzenwiener« vergeben. Er stellt sich neben die Spielleitung. Die anderen Kinder stehen um den Schachtelstapelplatz herum. Die Sätze/Dialoge werden von der Spielleitung immer vorgesprochen und von den jeweiligen Kindern oder Gruppen nachgesprochen und durchgeführt (s.u. Aktivitäten der Kinder). Wichtig ist, dass die Dialoge gesprochen und dabei im Sprechrhythmus mit den Rasseln begleitet werden, sodass jede Silbe betont gesprochen und mit einem Rasselschlag unterstrichen wird. Die Spielleitung fungiert dabei als Vorsprecherin und gibt mit ihrer Rassel die Einsätze:
Spielleitung – ***Aktivitäten der Kinder***

Fortsetzung der Geschichte

»Bloß wie?«, ertönt plötzlich eine Kinderstimme.
»Bloß wie?« (Max)
Alle drehen sich um und starren Max Warzenwiener an.
»Der Kleine hat Recht!«, ...
»Der Kleine hat Recht!« (Alle)
... murmeln die Rasselprasselhausener und verdrehen vor lauter Nachdenken ihre Augen. »Bloß wie?« ...
»Bloß wie?« (Alle)

... »Ich hab eine Idee!«, ruft Max Warzenwiener wieder. ...
»Ich hab eine Idee!« (Max)
»Es müssen einige Rasselprasselhausener Wache halten.« ...
»Es müssen einige Rassel ...« (Max)
»Tolle Idee!«, ***»Tolle Idee!« (Alle)***
... rufen alle Rasselprasselhausener erleichtert.
»Sobald die Wachen merken, dass jemand die Rasseln vertauscht, rasseln sie sofort: Alarm!«,
» Sobald die Wachen merken, dass ...
... Alarm!« (Max)

fügt Max noch hinzu. Die Rasselprasselhausener gehen zufrieden in ihre Rasselstraßen zurück und beratschlagen, wer diese Nacht wach liegt, um auf die Rasselvertauscher zu warten und Alarm zu schlagen.

Die Kinder gehen in ihr »Haus« zurück.

Aufgeregt legen sich alle am Abend, als die Rasselturmuhr neun Mal schlägt, in ihre Betten. ***Die Spielleitung rasselt neun Mal und zählt laut mit. Die Kinder legen sich hin und schließen die Augen. Anschließend vertauscht die Spielleitung die Rasseln der Kinder.***

... Doch als die Rasselturmuhr in der Nacht drei Mal ...

Spielleitung rasselt drei Mal und zählt laut mit.

schlägt, wuseln plötzlich lauter kleine Männchen und kleine Weibchen durch ganz Rasselprasselhausen. Sie vertauschen die Rasseln so schnell, dass, als die Rasselprasselhausener Wache laut: »Alarm!« rasselt, ...

»Alarm! ...«, (alle) rufen und im Sprechrhythmus dazu rasseln.

... die kleinen Männchen und Weibchen schon wieder verschwunden sind. Die Rasselprasselhausener legen sich wieder hin ...

Die Kinder legen sich wieder in ihre Straße.

... und am Morgen, als die Rasselturmuhr sieben Mal schlägt, ...

Die Spielleitung rasselt sieben Mal und zählt laut mit.

... ist dasselbe Durcheinander in Rasselprasselhausen wie am Tag zuvor. Alle rufen: »Oh wie schrecklich!«

Die Kinder wachen auf und rufen: »Oh wie schrecklich!« (Alle) Im Sprechrhythmus mitrasseln. Die Kinder suchen ihre richtige Rassel.

Als alle fremden Rasseln endlich wieder bei ihrem richtigen Besitzer sind, treffen sich die Rasselprasselhausener am Schachtelstapelplatz. »So kann es nicht weitergehen!«, ***... »So kann es nicht weitergehen!« (Alle)***

... rufen sie empört und schauen gespannt, nein, nicht auf die Bürgermeisterin Rita Rasselschmassel. Alle schauen gespannt auf Max Warzenwiener. Der versteckt sich aber hinter den Beinen ...

Max stellt sich hinter die Spielleitung.

... seines Vaters. Sein Vater beugt sich zu Max hinunter und Max flüstert ihm etwas ins Ohr. »Also, liebe Rasselprasselhausener«, räuspert sich Max Vater, » Max und ich werden euch von dem Spuk erlösen, aber das machen wir ganz alleine. Nicht wahr, Max?« Max nickt stumm seinem Vater zu und ihm klopft das Herz vor Aufregung bis zum Hals. Als die Rasselturmuhr am Abend neun Mal schlägt, ...

Die Spielleitung rasselt neun Mal und zählt laut mit. Die Kinder legen sich hin und schließen die Augen. Anschließend vertauscht die Spielleitung die Rasseln der Kinder.

... legen sich alle Rasselprasselhausener wieder in ihre Betten. Alles ist ruhig und alle schlafen schon viele Stunden, als plötzlich aus dem Haus von ...

Spielleitung und Max rufen, zappeln und schreien laut.

... Max Warzenwiener ein großes Geschrei zu hören ist. Alle Rasselprasselhausener laufen aufgeregt in die Steinklapperstraße, in der Max mit seiner Familie wohnt. ***Alle Kinder laufen zu Max und der Spielleitung.***

In diesem Moment fängt sich die Spielleitung einen Jungen und ein Mädchen und hält sie fest! Da öffnet sich die Tür und Max und sein Vater treten heraus.

Die Spielleitung, Max und das Kinderpaar treten gemeinsam vor.

Max' Vater hat ein Netz in der Hand, in dem ein kleines Männchen und eine kleine Frau gefangen sind. »Liss uns las! Liss uns las!«, ruft der kleine Mann und ...

»Liss uns las! Liss uns las!« (Junge)

... das kleine Weibchen piept: »Wir sund dach Wichte.

»Wir sund dach Wichte«. (Mädchen)

Wir muchan doch nechts!«

»Wir muchan doch nechts!« (Mädchen)

Es dauert eine Weile, bis alle Rasselprasselhausener die seltsame Sprache der Wichtel verstehen. »Doch!«, ruft dann Max entrüstet, ...

»Doch!« (Max)

»Ihr seid Rasseldiebe und Rasselvertauscher.

»Ihr seid Rasseldiebe und Rasselvertauscher« (Max)

Ihr sollt uns in Ruhe lassen!«

»Ihr sollt uns in Ruhe lassen!« (Max)

»Ihr sollt uns in Ruhe lassen!«, rufen alle Rasselprasselhausener.

»Ihr sollt uns in Ruhe lassen!« (Alle)

Da meldet sich auch die Bürgermeisterin Rita Rasselschmassel zu Wort: »Wir lassen euch nur frei, wenn ihr versprecht, mit eurer ganzen Wichtelfamilie aus Rasselprasselhausen zu verschwinden!«.

Rita/Rudolf Rasselschmassel spricht s. o.

»Jawohl!«, rufen alle Rasselprasselhausener. ...

»Jawohl!«, rufen alle und begleiten sich dazu mit den Rasseln.

... Da bleibt den beiden Wichteln nichts anderes übrig, als zu versprechen, nie wieder in Rasselprasselhausen einen Streich zu spielen.

Die Wichtel versprechen, nie wiederzukommen und werden freigelassen.

Nun lässt Max die beiden frei und eilig laufen sie davon.
Die Wichtel und ihre Familie werden nie mehr in Rasselprasselhausen gesehen.
Aber Max und sein Vater werden von ganz Rasselprasselhausen gefeiert und Max wird zum stellvertretenden Bürgermeister gewählt. Seit dieser Zeit wird Max »Schlaumax von Rasselprasselhausen« genannt und ihm wird sogar ein Denkmal errichtet. Welche Ehre für ein Kind, aber ohne »Schlaumax von Rasselprasselhausen« würden die Rasselprasselhausener wohl noch heute jeden Morgen mit vertauschten Rasseln aufwachen!

Praxistipp Da die Kinder dieses Spiel mit Begeisterung wiederholen, reichen bei den Wiederholungen nur kurze Zwischensätze aus, um den Handlungsstrang zu verdeutlichen. Wichtig sind die sprachlichen Interaktionsformen wie »call and response«, die den Kindern besonders viel Spaß machen.

»Rasselfest in Rasselprasselhausen«

Dirigierspiel Die Kinder stellen sich mit ihrer Rassel im Halbkreis auf und ein Rasseldirigent stellt sich vor die Kinder. Vor ihm liegt eine kleine leise Rassel auf einem Tuch, außerdem eine Naturrassel (Kaxixi oder eine andere Rassel) und eine Schachtelrassel, ebenfalls auf jeweils einem Tuch. Bewegt sich der Rasseldirigent zu einem der Tücher, spielen nur die Kinder, die eine solche Rassel, wie sie auf dem Tuch liegt, in der Hand haben. Geht er zu einer anderen Rassel, hören sie auf zu spielen und die entsprechenden Kinder beginnen, mit dieser Rassel zu spielen. Mehrmals wiederholen, bis alle Kinder an der Reihe waren.

Lied ***»In Rasselprasselhausen«*** siehe Seite 71
CD Nr. 06 PB Nr. 22

Oktober · November

»Gespensterschule auf Schloss Kloppenstock«

Spielangebot 1: »Die neuen Gespensterschüler«
Spielangebot 2: »Mutige Gespenster!«
Spielangebot 3: »Das Gespensterkonzert«
Spielangebot 4: »Hu-huuh, in der Gespenstergeisterbahn!«

Im Herbst

Oktober · November

Gespensterschule auf Schloss Kloppenstock

Von einem Schloss, in dem sich eine ganz besondere Schule befindet.

Die meisten Kinder im Kindergarten freuen sich darauf, wenn sie bald in die Schule gehen dürfen. Deshalb lieben sie es besonders, schon während der Kindergartenzeit in eine Gespensterschule gehen können. Dabei schlüpfen die Kinder in die Rolle der kleinen Gespenster und müssen öfter über ihren Schatten springen, damit sie zum Beispiel die Gespensterprüfung in der Gespenstergeisterbahn bestehen.

Praxistipp Für eine interessante Spielumsetzung ist es günstig, wenn die Spielleitung in die Rolle des Obergespenstes »Otti von Kloppenstock« schlüpft. Die Spielaufforderungen, die in der Geschichte enthalten sind, brauchen dann nur als wörtliche Rede (ohne die weiteren Umschreibungen der Geschichte) direkt von der Spielleitung gesprochen werden. Das erleichtert das Eintauchen in die Geschichte und ihre Spielformen, ist jedoch kein Muss und kann je nach eigenen Voraussetzungen umgesetzt werden.

Material Metall- und Plastikketten in unterschiedlichen Stärken, Ausführungen und Längen, helle Tücher als Gespensterverkleidung, farbige Limonade, Weingummi-Frösche und »Würmer«, ein Schwamm, ein Blechnapf, Watte

Instrumente Metallofon, Sixflat, Handtrommeln, Spring-Drum, Raspeln, Rasseln, Waldteufel, Heulschläuche, Klappern, Flex-A-Tone

Förderschwerpunkte

Auditive Förderung Hördifferenzierung in Bezug auf Dicke, Form und Material der Gespensterketten. Richtungshören, Klanggedächtnis.

Persönlichkeitsentwicklung Die Entwicklung vom kleinen zum großen Gespenst stärkt das Selbstbewusstsein der Kinder.

Taktil-kinästhetische Förderung Bewegungen zum Lied, verschiedene Fortbewegungsarten, das Tasten und Spüren der unterschiedlichen Ketten und eine Beziehung zum Klang herstellen.

Sprachentwicklung Der Wortschatz wird durch entsprechende Gesprächsimpulse über Burgen, Ritter und Schlösser, durch Lieder, Reime, Sprachfantasie und vielfältige Sprachspiele erweitert. Lustvoller Umgang mit der Stimme durch fantasievolles Gespenstergeheule und Geplapper.

Spielangebot 1 »Die neuen Gespensterschüler«

Gesprächsimpuls Wo habt ihr schon Gespenster gesehen? Im Fasching? Bei der Halloween-Party? Wo leben die Gespenster normalerweise? Wann wachen sie auf und wann gehen sie zu Bett? Gibt es überhaupt Gespenster?

Übergang Die Kinder schließen die Augen und die Spielleitung legt über den Kopf jedes Kindes ein helles Nylontuch. Dann suchen die Kinder sich ein Gespenster-Geheimversteck unter Bänken, Tischen und Stühlen oder stellen sich einfach an die Wand. Dann schlägt die Spielleitung mit einem Becken zwölfmal die Turmuhr zu Mitternacht.

Lied »Zur Geisterstunde«

CD Nr. 10, PB Nr, 23

Spielausführung Die Kinder sind mit Tüchern als Gespenster verkleidet und verstecken sich in einem »Gespenster-Geheimversteck«. Die Spielleitung (oder ein Kind) spielt auf einem Becken zwölf Mal die Kirchturmuhr. Das Lied singen und die entsprechenden Bewegungen dazu ausführen.

Praxistipp Beim Refrain: »Hi-hi, hu-hu, ha-ha!« das zweite »ha!« von der Melodieführung sehr gedehnt nach oben ziehen und dabei immer lauter werden.

Refrain	Hi-hi, hu-hu, ha-ha!	*Gespenster sitzen in ihrem Geheimversteck.*
	Gespensterchen sind da!	*Sie räkeln und strecken sich.*
1	Denn schlägt es zwölf um Mitternacht, dann sind wir alle aufgewacht. Huaah!	*Leise und geheimnisvoll singen und bei »aufgewacht« aus dem Versteck springen und laut »Huaah!« rufen.*

Refrain	Hi-hi, ...	*Schwingend im Liedrhythmus durch den Raum »schweben« und dabei Gespenstergesten machen.*
2	Wir lieben es, uns zu verstecken, und alle Menschen zu erschrecken,	*Sich ein Geheimversteck suchen. Bei »erschrecken« aus dem Versteck springen und lautlaut »Huu-huu, huu-huu!« »Huu-huu, huu-huu!« heulen.*
Refrain	Hi-hi, ...	*s. o.*
3	Und schrecklich gruslig seh'n wir aus,	*Grimassen schneiden und beliebige Grusel-, Gespenstergesten dazu ausführen.*
	wir strecken gern die Zunge raus.	*Bääh! Am Schluss die Zunge rausstrecken.*
Refrain	Hi-hi, ...	*s. o.*
4	Entdecken wir ein Menschenkind, dann kitzeln wir es ganz geschwind.	*Große Augen machen, eine Hörgeste und schnuppern. Dann sich gegenseitig kitzeln. »Kille-kille!«*
Refrain	Hi-hi, ...	*s. o.*
5	Wir schweben durch den Rittersaal, da schlägt die Turmuhr nur ein Mal!	*Tänzerisch vornehm umherschweben. Ein Kind schlägt ein Mal auf dem Becken.*

Refrain Hi-hi, hu-hu, ha-ha!
Gespensterchen war´n da!

Die Gespenster verstecken sich eilig in ihrem Geheimversteck.

Variante Das Gespenstertuch wird über die ausgestreckte Hand gelegt. Die Kinder sitzen oder sie bewegen sich mit ihrem »kleinen Gespenst« durch den Raum.

Geschichte *Die kleinen Gespenster sind furchtbar aufgeregt! Heute ist ihr erster Schultag auf dem großen Gespensterschloss »Kloppenstock«. Das Obergespenst Otti von Kloppenstock begrüßt die kleinen Gespenster im großen Rittersaal: »Seid willkommen. Ich heiße Otti von Kloppenstock, und wie heißt du?«*

Erfinden von Gespensternamen

Sprachspiel Die Kinder erfinden eigene Gespensternamen und stellen sich vor (Beispielnamen: Nadine von Greifenstein, Felix von Gruselburg, Anton Monsterkralle, Oskar Schleimspeier).

Otti von Kloppenstock fährt fort: »Ich hoffe, dass ihr hier lernt, wahrhaft richtige und grauenhafte Gespenster zu werden. Wir wollen gleich damit beginnen und zuerst das Schweben lernen. Steht auf und sucht euch einen Platz im Rittersaal. Aufgepasst, ihr hört Gespenstermusik und das Schweben beginnt!«

»Das Gespensterschweben«

Wahrnehmungsspiel Die Spielleitung (oder ein Kind) spielt auf einem Sixflat, Metallofon (pentatonische Töne c, d, e, g, a) oder mit der Musik vom Tonträger (»Zur Geisterstunde« PB Nr. 23). Die Kinder bewegen sich leichtfüßig zur Musik auf und nieder. Ist die Musik zu Ende, bleiben alle Gespenster stehen.

Fortsetzung der Geschichte

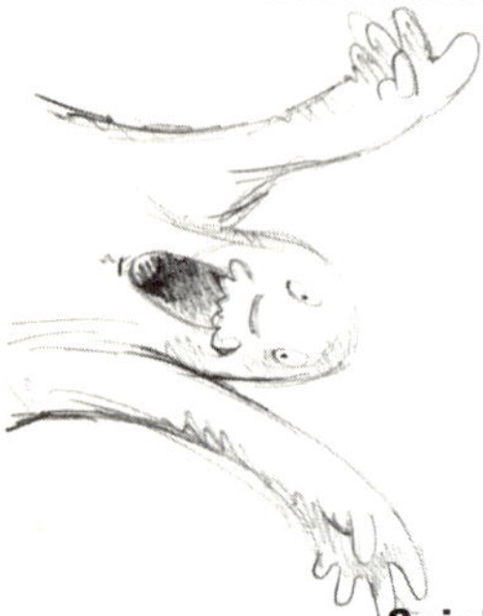

»Das hat gespenstermäßig gut geklappt!«, meint Otti von Kloppenstock. »Nun kommt das Verstecken an die Reihe, denn ohne ein gutes Geheimversteck ist ein Gespenst verloren!« Dabei schaut es die Gespenster der Reihe nach streng an. »Ihr könnt euch im ganzen Schloss Kloppenstock verstecken und ich werde versuchen, euch zu finden.« Sofort schweben die kleinen Gespenster aus dem Rittersaal auf der Suche nach dem besten Geheimversteck der Welt.

»Wo sind die Gespenster?«

Spiel

Die Spielleitung, als Otti von Kloppenstock (oder ein Kind), sucht nun die kleinen Gespenster, die sich im ganzen Raum versteckt haben. Dabei kann Otti von Kloppenstock zu Beginn keines finden und lobt die kleinen Gespenster dafür. Nach und nach findet es die Gespenster, bis alle wieder im Rittersaal versammelt sind.

Fortsetzung der Geschichte

»Das hat ja versteckhuschmäßig gut geklappt!«, lobt Otti von Kloppenstock. »Doch hier ist kein Platz zum Ausruhen, denn nicht umsonst sind wir die beste Gespensterschule der Welt!« und schaut wieder streng in die Runde. »Seid ihr bereit für das Nächste?«, ruft es. »Wir sind bereit!«, antworten die kleinen Gespenster erwartungsvoll. »Dann solls mir recht sein!«, meint das große Obergespenst. »Aufgepasst!« und beginnt fürchterlich zu heulen, zu kreischen, zu plappern, zu schnattern, zu quietschen, sodass den kleinen Gespenstern angst und bange wird. »So, jetzt seid ihr dran!«, fordert Otti von Kloppenstock die kleinen Gespenster auf.

»Gespenster-Geheule«

Improvisatorisches Sprachspiel

Die Kinder improvisieren »Gespenster-Geheule«. Dann stellt jedes Gespenst den anderen sein Lieblingsgeheul vor. Die anderen wollen nun dasselbe Geheul lernen und ahmen es nach.

»Welches Gespenst heult?«

Ratespiel

Die Kinder sitzen im Raum verteilt und haben die Augen geschlossen. Die Spielleitung (oder ein Kind) streicht nun mit einem »Gespenstertuch« über ein Kind. Daraufhin beginnt dieses zu heulen – so wie es möchte. Die anderen raten, von wo das Geheule kommt und welches Gespenst so schrecklich heult (Vorname des Kindes).

Fortsetzung der Geschichte

»Nun, das hat schauerheulmäßig gut geklungen!«, findet Otti von Kloppenstock. »Schweben habt ihr gelernt, heulen, stöhnen und ächzen. Aber aufgepasst! Sucht euch schnell euer Geheimversteck, es schlägt gleich 1 Uhr!« Die Kinder verstecken sich und die Spielleitung schlägt auf einem Becken ein Mal, die Kinder »schlafen« als Gespenster ein.

Spielangebot 2

»Mutige Gespenster!«

»Es rappelt und zappelt!«

Sprach- und Ratespiel zum Reim

Die Spielleitung liest die unten stehenden lautmalerischen Sätze des Reimes vor und die Kinder raten, um was es sich handelt. Lösung: Natürlich Gespenster!

»Es rappelt und zappelt!« CD Nr. 09

Reim

Es rappelt und zappelt.
Es klappert und rappelt.
Es schnippelt und schnappelt.
Es klickelt und klackelt.
Es wrickelt und wrackelt.
Es nuckelt und nackelt.
Es blubbert und plappert.
Es flickert und flackert.
Es tickert und tackert.
Es quizelt und quasselt ...

Haben die Kinder erraten, dass es sich um Gespenstergeräusche handelt, liest die Spielleitung die einzelnen Zeilen vor und fragt, zu welchem Gespenst in der Runde dies passen würde, was dieses Gespenst wohl dann gerade macht (zum Beispiel bei »klappern und rappeln« mit Ritterrüstungen klappern). Die Kinder können auch eigene lautmalerische Sätze erfinden und gestalten.

Variante Die Spielleitung fragt die Kinder nach jedem Satz, was die Gespenster dazu machen. Bei »Es blubbert und plappert« könnte die Antwort zum Beispiel heißen: »Mit Gespensterlimonade blubbern und in Gespenstersprache plappern.«

Lied ***»Zur Geisterstunde«*** siehe Seite 91, CD Nr. 10, PB Nr. 23

Das Aufwachen der Gespensterchen

Übergang Die Spielleitung schlägt zwölf Mal auf dem Becken die Geisterstunde an und die Gespenster wachen auf. Sie setzen sich zusammen in einen Kreis.

Wiederholung der Geschichte ***»Gespensterschule auf Schloss Kloppenstock«***

Praxistipp Die Spielleitung unterhält sich mit den Kindern über das bisher Geschehene in der Gespensterschule. Zum Beispiel: »Was haben wir beim letzten Mal als Gespenster alles gelernt?«

Fortsetzung der Geschichte *»Liebe Gespenster!«, ruft Otti von Kloppenstock. »Seid ihr gut ausgeschlafen? Heute müsst ihr euren ganzen Gespenstermut zusammennehmen, denn wir wollen das Turm- und Zinnenspringen üben.« Die kleinen Gespenster schauen zur hohen Mauer des Schlosses hoch, die mit vielen Türmen und Zinnen die Schlossbewohner schützt. Mit vor Angst klappernden Zähnen schweben sie auf den höchsten Turm des Schlosses.*

»Turm- und Zinnenspringen«

Bewegungsspiel

Die Spielleitung baut mit den Kindern eine Turm- und Zinnenlandschaft. Hierfür können zum Beispiel in der Turnhalle oder dem Gymnastikraum Turngeräte und Matten auf- und aneinander gestellt werden. Der Turm, von dem die Gespenster zu Beginn herunterspringen, kann zum Beispiel eine Sprossenwand sein, unter der eine entsprechend dicke Matte liegt. Beim Turm- und Zinnenspringen handelt es sich um ein »Gespenster-Zirkel-Training«, bei dem noch folgende Punkte zu beachten sind:

- Den Einsatz, das heißt das Signal zum Herunterspringen von der Sprossenwand/Turm, gibt die Spielleitung mit einem Instrument (zum Beispiel Spring-Drum, Becken). So wird der Ablauf strukturiert und die Kinder hören auf das Instrument.
- Die Kinder versuchen bei Laufstrecken immer, wie ein Gespenst zu schweben.

Gesprächsimpuls

Wie sieht eine Burg aus? Wer war schon auf einer Burg? Gibt es eine Burg bei uns in der Nähe? Was sind Zinnen? Wie viele Türme hat eine Burg? Wer lebte, außer den Gespenstern, in einer Burg?

Fortsetzung der Geschichte

»Ihr seid absolut gespensterschwebmäßig gut!«, lobt Otti von Kloppenstock. »Aber ich glaube, ihr braucht jetzt eine Pause!« Otti schwebt aus dem Rittersaal und bringt blubbernde Gespensterlimonade in unsichtbaren Gläsern herein. Die Limonade leuchtet im Dunkeln giftgrün und sie schmeckt gespensterschlürfmäßig superlecker. Die kleinen Gespenster sind müde und fragen sich, wann dieser Gespenstertag endlich zu Ende ist. Da ertönt ein lauter Glockenschlag und »husch!« verschwinden alle in ihrem Geheimversteck und schlafen, bis am nächsten Tag zwölf Mal die Turmuhr um Mitternacht schlägt.

Gespensterlimonade

Entspannung Die Kinder setzen sich in den Kreis und bekommen von der Spielleitung einen Becher mit Limonen-, Limetten- oder Orangenlimonade.

Die Gespenster schlafen

Ruhephase Die Spielleitung improvisiert auf einem pentatonischen Metallofon oder auf einem Sixflat »Gespensterschlafmusik«. Dann spielt sie sieben Mal auf einem Becken und die Gespenster wachen als Kinder (entsprechende Ansprache der Spielleitung) wieder auf.

Spielangebot 3 »Das Gespensterkonzert«

»Das Gespenster-Rondo«

Rollen- und Sprachspiel Die Kinder sind als Gespenster verkleidet. Der Reim wird gesprochen und stimmlich untermalt. Die entsprechenden Bewegungen werden dazu ausgeführt.

Teil A	Gespenster sein, das ist doch klar,	*Als gruselige Gespenster umher»schweben«.*
	ist spannend, gruslig, wunderbar!	*Dabei Grimassen und Gespenstergesten machen.*
Teil B	Zum Beispiel hört ihr jetzt Gekreische, das entsetzt!	*Laut schreien und krächzen!*
Teil A	*s. o.*	
Teil C	Es kommt aus dem Versteck	*Sich rasch verstecken, herauskommen und*
	und ist schon wieder weg!	*eine entsprechende Gespenstergeste machen. Sich gleich wieder verstecken.*

Teil A	*s. o.*	
Teil C	Die lauten Rissel-Rasselketten, sie holen alle aus den Betten.	*Mit bereitliegenden Ketten rasseln.*
Teil A	*s. o.*	
Teil D	Wir machen ein Geheule, ist schlimmer als die Eule.	*Alle Gespenster heulen gespenstermäßig.*
Teil A	*s. o.*	
Teil E	Und jetzt seht ihr nun, was wir am liebsten tun.	*Die Kinder machen das, was ihnen als Gespenst am besten gefällt.*
Teil A	*s. o.*	

Praxistipp Die Kinder erfinden mit der Spielleitung noch eigene Reime für das Gespenster-Rondo.

Wiederholung der Geschichte

»Gespensterschule auf Schloss Kloppenstock«
Die Gespenster setzen sich in einen Kreis und erzählen, was sie bisher in der Gespensterschule gelernt haben.

Fortsetzung der Geschichte

Otti von Kloppenstock schaut jedem Gespenst tief in die müden Augen. »Ich möchte wissen, ob ihr auch nichts vergessen habt«, flüstert es und die kleinen Gespenster beginnen einen Gespenstertanz. Sie stellen sich hintereinander auf und schaurige Gespenstermusik ertönt. Alle Gespenster tanzen hintereinander durch den Saal. Doch dann ist plötzlich Stille im Rittersaal und alle Gespenster bleiben stehen. Nun schwebt das letzte Gespenst in der Reihe nach vorne und die Musik beginnt wieder zu spielen.

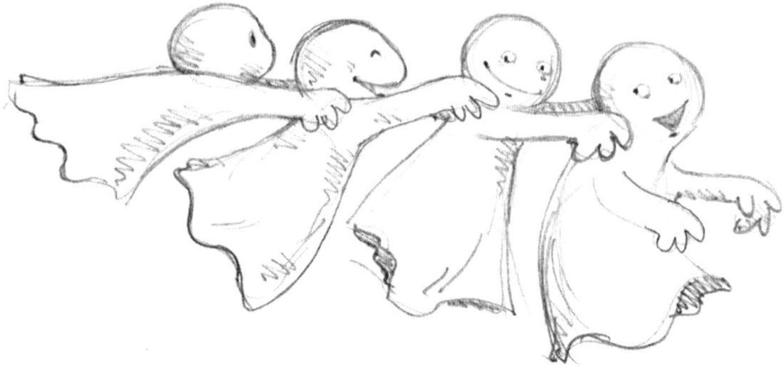

Gespentertanz PB Nr. 23

Die Kinder stellen sich als Gespenster hintereinander auf. Hört die Musik auf zu spielen (am besten nach einer musikalischen Phrase), bleiben sie stehen und das letzte Gespenst schwebt an die erste Stelle.

Varianten Während der Pause heulen und kreischen die übrigen Gespenster.
Hört die Musik auf zu spielen, schwebt das vorderste Gespenst »rückwärts« an die letzte Stelle der Gespensterschlange.
Anstelle des Playbacks von CD kann die Spielleitung (oder ein Kind) auf einem Sixflat, Metallofon (pentatonische Töne c, d, e, g, a) oder einer Spring-Drum spielen.

Fortsetzung der Geschichte *»Ich sehe, ihr könnt alle gespenstermäßig gut schweben, tanzen und grauenhaft heulen«, meint das strenge Lehrergespenst Otti von Kloppenstock. »Heulen, das kann doch jeder, aber gruselige Gespenstermusik, das können nur die wahrhaft richtigen Gespenster!« Otti schwebt mit den kleinen Gespenstern in das Verlies, in dem früher die Gefangenen bei Wasser und Brot ihr Dasein fristeten. Dort setzt sich in jede der moosüberwachsenen Mauernischen ein Gespenst.*
Nun schwebt Otti zu jedem hin und gibt ihm ein Gespensterinstrument in die Hand. Die Gespenster freuen sich schon auf echte gruselige Gespenstermusik. Und es geht los!

»Das Gespensterkonzert«

Instrumentalimprovisation

Die Spielleitung teilt Rasselketten, Klappern, Spring-Drum, Heulschläuche, Waldteufel etc. an die Gespenster aus. Dann setzen sie sich in eine Nische im »Verlies«, das heißt die Kinder suchen sich einen beliebigen Platz im Raum.
Schwebt nun die Spielleitung als Obergespenst Otti von Kloppenstock an einem der Gespenster vorbei, beginnt dieses so lange zu spielen, bis Otti vorübergeschwebt ist.

Varianten

Ein Kind läuft an den Gespenstern vorbei.
Läuft das Kind an den Gespenstern vorbei, spielen sie nicht nur, sondern heulen ebenfalls dazu.
Die Kinder spielen Menschen, die das Schloss besichtigen und furchtbar Angst vor der Gespenstermusik bekommen.

Praxistipp

Das Spiel lässt sich auch nur mit Metall- und/oder Plastikketten durchführen. Eine interessante Variante ist, wenn die Kinder ihre Kette in der Innenseite einer Handtrommel hin- und herbewegen.

Fortsetzung der Geschichte

Nach dem wundergrusligen Gespensterkonzert teilt Otti den kleinen Gespenstern leckeres Gespensteressen aus. In jede Hand legt es einen getrockneten Frosch und einen ausgetrockneten Regenwurm. »Das ist das Einzige, was wir Gespenster essen können. Wie ihr wisst, fällt Essen sonst durch uns hindurch und landet auf dem Boden.« Begeistert futtern die kleinen Gespenster zum ersten Mal in ihrem Leben die getrockneten Frösche und Regenwürmer.

Frosch oder Wurm?

Wahrnehmungsspiel

Die Kinder sitzen und halten die Augen geschlossen, die Hände werden nach vorne gestreckt. Nun geht die Spielleitung zu jedem Kind und legt ihm einen Frosch oder einen Regenwurm in die Hand. Die Kinder befühlen das Tier und stecken es sich in den Mund. Dabei raten sie, was sie wohl vom Obergespenst bekommen haben.

Praxistipp Die getrockneten Frösche sind aus grünem Weingummi mit einer weißen Schaumschicht am Bauch im Handel erhältlich. Die Regenwürmer sind lange saure, dunkelrote Stängel. Beides ist in Großmärkten als Großpackung erhältlich.
Natürlich können auch andere Süßigkeiten verwendet werden, die Hauptsache ist, dass sie einen gewissen Ekelfaktor haben!

Ausklang Die Spielleitung spielt ein Mal auf dem Becken und die Gespenster suchen sich ihr Geheimversteck zum Schlafen. Dann spielt sie sieben Mal auf dem Becken und die Gespenster wachen als Kinder wieder auf.

Spielangebot 4

Hu-huuh, in der Gespenstergeisterbahn!

Experimentierphase mit Eisenketten
Die Kinder sitzen im Kreis und schließen die Augen. Die Spielleitung summt die Melodie des Liedes »Zur Geisterstunde« und teilt jedem Kind eine Eisenkette und Tücher zum Verkleiden als Gespenst aus. Auf ein Signal mit Becken oder Spring-Drum öffnen die Kinder die Augen, stecken sich die Tücher als Verkleidung in den Kragen und experimentieren mit den verschiedenen Ketten. Dabei rasseln sie, laufen herum, legen Formen etc.

Variante Die Kinder tauschen ihre Ketten gegenseitig aus.

Wahrnehmungsspiel ***»Wie klingt meine Kette?«***
Die Kinder sitzen im Kreis und der Reihe nach stellt jedes Kind das Rasseln seiner Kette vor.
Dann erhält jedes Kind eine Handtrommel und die Kinder rasseln mit der Kette auf den Handtrommeln. Anschließend stellt wieder jedes Kind seine Eisenrasseltrommel vor.

Lied ***»Zur Geisterstunde«*** siehe Seite 91, CD Nr. 10, PB Nr. 23

Refrain	Hi-hi, hu-hu, ha-ha! Gespensterchen sind da!	*Die Kinder spielen im Liedrhythmus mit der Kette auf der Trommel.*
1	Denn schlägt es zwölf um Mitternacht, dann sind wir alle aufgewacht. »Huaah!«	*Mit der Kette über die Trommelhaut streichen und laut »Huaah!« rufen.*
Refrain	Hi-hi, ...	*s. o.*
2	Wir lieben es, uns zu verstecken,und alle Menschen zu erschrecken, »Huu-huu, huu-huu!«	*Rasch die Trommel und die Kette hinter dem Rücken verstecken. Dann »Huu-huu, huu-huu!« heulen und sich laut mit der Kette begleiten.*
Refrain	Hi-hi, ...	*s. o.*
3	Und schrecklich gruslig seh'n wir aus, wir strecken gern die Zunge raus. »Bääh!«	*Mit der Kette auf das Fell der Trommel drücken und mit der flachen Hand langsam hin und her bewegen. Am Schluss die Zunge rausstrecken.*
Refrain	Hi-hi. ...	*s. o.*
4	Entdecken wir ein Menschenkind, dann kitzeln wir es ganz geschwind. »Kille-kille!«	*Die Kette zum Sitznachbarn hinüberstrecken und sich gegenseitig mit der Kette die Beine kitzeln.*
Refrain	Hi-hi, ...	*Gespenstergesten, s. o.*
5	Wir schweben durch den Rittersaal,	*Die Kette an beiden Enden nehmen und sie*

		auf dem Fell der Trommel tanzen lassen.
	da schlägt die Turmuhr nur ein Mal!	*Ein Kind schlägt ein Mal auf dem Becken.*
Refrain	Hi-hi, hu-hu, ha-ha!	*s.o.*
		Bei der Wiederholung die Trommel und Kette rasch hinter dem Rücken
	Gespensterchen war'n da!	*verschwinden lassen.*

Praxistipp In Baumärkten sind Ketten in unterschiedlichen Stärken und Ausführungen erhältlich. Von sehr feinen Ketten bis zu schweren Eisenketten sollte das Ketten-Repertoire bestückt sein.

»Das Ketten-Gespenst!«

Bildhaftes Gestalten mit Ketten Jedes Kind hat von der Spielausführung des Liedes »Zur Geisterstunde« noch seine Metallkette in der Hand.
Die Kinder legen nun gemeinsam mit den Ketten ein »Ketten-Gespenst«. Das »Ketten-Gespenst« ist so groß, dass sich jedes Kind hineinlegen kann. Anschließend kann jedes Kind sich in sein »Ketten-Gespenst« in Klein legen.

Praxistipp Die Spielleitung als Obergespenst Otti von Kloppenstock erzählt, dass die kleinen Gespenster ihren Ur-ur-ur-ur-urgroßvater Eugenius von Klabusterfels mit den Ketten legen. Leider gibt es ja von den Gespenstern keine Bilder.
Das Hineinlegen in das Ketten-Gespenst ist für die Kinder ein großes Erlebnis. Die Kinder werden sozusagen innerlich zu einem großen Gespenst, das vor nichts Angst hat.

Gespenster schweben

Wahrnehmungsspiel Die Kinder stehen als Gespenster auf Schloss Kloppenstock im Rittersaal. Die Spielleitung spielt auf einem Becken oder der Spring-Drum »Gespenster-Schwebe-Musik«. Ist die Musik zu Ende, bleiben alle Gespenster stehen. Mehrmals wiederholen.

»Neue Besitzer auf Schloss Kloppenstock«

Darstellendes Spiel

Die Spielleitung erzählt, dass heute die neuen Besitzer von Schloss Kloppenstock eine Besichtigung machen wollen. Sie schlüpft nun in die Rolle eine Elternteiles und geht mit 2 bis 3 Kindern vor die Tür des Raumes. Die anderen Kinder verstecken sich. Jetzt betritt die Familie den Raum und die Spielleitung führt »ihre« Kindern durch das Schloss. Dabei erzählt sie den Kindern, in welchem Raum sie sich gerade befinden und schmückt alles fantasievoll aus. Ist jedoch ein Gespenst in diesem Raum, beginnt es zu heulen und/oder mit dem Instrument Geräusche zu machen. Die neuen Besitzer sind etwas irritiert und gehen weiter, bis die Geräusche von den anderen Gespenstern so schrecklich werden, dass sie die Flucht ergreifen und aus dem Schloss herausrennen.
Das Spiel so lange wiederholen, bis jedes Kind als neuer Besitzer an der Reihe war.

Fortsetzung der Geschichte

Otti, das Obergespenst, ruft: »Wir sind wieder allein auf Schloss Kloppenstock und haben die neuen Besitzer vertrieben. Das habt ihr gespenstermäßig gut gemacht! Aber nun geht es zur großen Gespensterprüfung. Alle kommen zu mir her.« Ängstlich heulen die Gespenster: »Huah, huh-huh!«, aber es nützt nichts. Die kleinen Gespenster schweben Otti von Kloppenstock hinterher, denn jedes möchte endlich zu einem großen Gespenst werden, um in seiner Burg Angst und Schrecken zu verbreiten.
Nachdem die kleinen Gespenster durch verwinkelte Säle und Hallen geschwebt sind, ruft Otti: »Halt und bitte nun die Augen schließen!«
Die kleinen Gespenster sind jetzt furchtbar aufgeregt. »Hoffentlich schaffen wir es!«, wispert das allerkleinste Gespenst ängstlich.

»In der Gespenster-Geisterbahn!«

Wahrnehmungsspiel

Die Kinder legen eine doppelte Kreisbahn als Eingrenzung der Gespenster-Geisterbahn mit ca. 8 bis 10 Legeseilen auf den Boden (Durchmesser mindestens 4 Meter). Die Hälfte der Kinder stellt sich nun hinter dem Gespensterlokomotivführer auf und schließt fest die Augen. Die anderen Kinder verteilen sich in Stationen entlang der Geisterbahnstrecke und erhalten von der Spielleitung folgende Materialien und Instrumente:
Zwei Kinder stehen sich an der Bahnstrecke gegenüber und halten ein großes Tuch an zwei Enden hoch, durch das die Gespenstergeisterbahn zieht. Vorsicht: Hoch genug halten, sonst werden die Kinder in der Geisterbahn gewürgt! Aus diesem Grund kann es günstig sein, wenn die Kinder auf Bänken stehen, damit sie eine ausreichende Höhe haben.
Mehrere Kinder haben Instrumente wie Raspel, Spring-Drum, Flex-A-Tone, Becken, Waldteufel, Ketten und Trommeln.
Einige Kinder sind die Gespensterkitzler und kitzeln die Kinder in der Gespenster-Geisterbahn von oben bis unten. Einige Kinder kichern und heulen und berühren die Kinder in der Gespenstergeisterbahn mit verschiedenen Materialien, wie zum Beispiel einem Schwamm, Watte oder einem kalten Blechnapf. Sind die Kinder am Ende der Geisterbahn angekommen, schreit ein Kind einen »Schreckensschrei«!
Das Spiel wird mehrmals wiederholt und die Kinder suchen sich eigenständig neue Aufgaben aus.

Praxistipp

Um den blinden Gespenstern in der Gespenstergeisterbahn mehr Sicherheit zu geben, kann die Spielleitung zum Einsatz, wenn die Fahrt losgeht (oder auch mal zwischendrin), folgendes kleines Lied singen:

Lied **»Die Gespenstergeisterbahn«**

CD Nr. 12

Fortsetzung der Geschichte

Die Gespenster halten sich nun an den Schultern fest und schweben los. Auf einmal tosen um sie die schrecklichsten Geräusche, die sie sich vorstellen können. Ketten rasseln, es quietscht und kreischt und dann werden sie noch gekitzelt und es ertönt schauerliche Gespenstermusik.
Mit einem Mal ist jedoch alles vorbei und jedes der kleinen Gespenster ist noch in der Gespensterschlange. »Ich bin stolz auf euch!«, ruft Otti von Kloppenstock. »Alle haben die Gespensterprüfung geschafft. Jedes Gespenst kann sich ab jetzt »großes Schlossgespenst« nennen!« Da bricht großer Jubel unter den Gespenstern aus und alle schweben auf ihr Schloss oder ihre Burg, um dort als »Großes Schlossgespenst« ihr Unwesen zu treiben.

Abschluss

Die Gespenster stellen sich um die Gespenstergeisterbahn auf und die Spielleitung zeichnet mit dem Finger jedem »großen Gespenst« seine Note auf den Rücken: eine Eins natürlich! Die Kinder raten, welche Zahl es ist.
Dann werden die Materialien eingesammelt und die Kinder setzen sich in den Kreis. Sie bekommen nun noch zur Belohnung entweder einen »getrockneten Frosch« oder einen »ausgetrockneten Wurm«.

Im Winter
Dezember · Januar · Februar

»Pimpernell, die Wintermaus«

Spielangebot 1: »Der schlaue Pimpernell«
Spielangebot 2: »Schnee fällt!«
Spielangebot 3: »Pimpernell, die Wintermaus«
Spielangebot 4: »Pimpernell wird gerettet!«

Im Winter

Dezember · Januar · Februar

Pimpernell, die Wintermaus

Eine spannende Geschichte über ein vorwitziges, neugieriges Mäusekind.

Gerade in der kargen Winterzeit gestaltet es sich manchmal recht schwierig, geeignete Themen zu finden. So entstand die Geschichte »Pimpernell, die Wintermaus«. Die Kinder lieben die kleine freche Maus sehr, weil sie eine ideale Indentifikationsfigur darstellt.
Zur Geschichte gibt es viele Bewegungsspiele, die gerade zur kalten Jahreszeit als Ausgleich für die Kinder sehr wichtig sind. Andererseits stehen die Themen: »Helfen und Zuwendung geben bzw. Zuwendung bekommen« im Mittelpunkt der Geschichte – beides Themen, die die Kinder um die Weihnachtszeit ebenfalls auf besondere Weise ansprechen.

Material Seile, Reifen und weiße Leintücher (bzw. Reifentunnel), Turnmatten, eine Feder, ein Nylontuch, Schwungtuch oder Abdeckfolie

Instrumente Sen-plates, Triangel, Becken in verschiedenen Größen, Zimbeln, Glöckchen, Metallofon-Klangbausteine, Glockenspiel, Handtrommel, Klanghölzchen, Sixflat

Förderschwerpunkte

Auditive Förderung Hördifferenzierung in Bezug auf Klanglänge und Klangfarbe, Klanggedächtnis, Richtungshören.

Persönlichkeitsentwicklung In die Rolle des »schlauen Fuchses« und des pfiffigen, jedoch etwas leichtsinnigen Mäuserichs Pimpernell zu schlüpfen, gibt den Kindern die Möglichkeit, neue Eigenschaften spielerisch zu erproben und darzustellen. Sie erweitern damit ihr Gefühls-

und Handlungsrepertoire, das gibt ihnen Selbstvertrauen. Die zahlreichen Spielformen zur Modalität »Führen und Folgen« (Dirigierspiele, sensomotorische Wahrnehmungsspiele) bei denen Anpassungsfähigkeit und Verantwortungsbewusstsein geschult werden, wirken stabilisierend auf die kindliche Psyche.

Taktile-kinästhetische Förderung Bewegungen zu den Liedern und Reimen, pantomimisches Darstellen verschiedener Tiere, Finger- und Handspiele.

Visuelle Förderung Visuelles Aufnehmen und Nachahmen der charakteristischen Tierbewegungen, Nachahmen der Finger- und Handbewegungen bei den Handspielen in Bewegung.

Spielangebot 1

»Der schlaue Pimpernell«

Geschichte

Im letzten Sommer erblickte eine kleine Feldmaus das Licht der Welt. Es war ein kleiner Mäuserich und er hieß Pimpernell. Mit ihm kamen noch sieben weitere Mäusebabys auf die Welt. Der Sommer verging, die Mäuse wuchsen heran und liefen über die abgeernteten Felder. Dort gab es viel Futter, denn nach der Ernte blieben noch genügend Körner auf dem Boden.

Die Mäusefamilie war darüber sehr froh, denn so konnte sie sich einen reichlichen Wintervorrat anlegen, damit sie während der kalten Jahreszeit nicht Hunger leiden musste. Die jungen Mäuse liefen jedoch nicht nur über die Wiesen und Felder, sondern trauten sich sogar in den nahe gelegenen Wald. Bei einem dieser Waldgänge wäre Pimpernell jedoch beinahe von einem Fuchs erwischt worden: Der Fuchs sauste hinter Pimpernell her, der konnte sich aber gerade noch rechtzeitig in einen Tierbau retten. Bei genauerer Betrachtung stellte Pimpernell fest, dass er in einem Fuchsbau gelandet war! Schnell suchte er das Weite – gerade noch rechtzeitig, bevor der Fuchs hungrig nach Hause kam. Er nahm sich vor, beim nächsten Mal vorsichtiger zu sein.

»Das kleine Mäuschen Pimpernell«

Reim als Rollenspiel

Die Kinder legen mit Seilen einen Fuchsbau und auf der gegenüberliegenden Seite des Raumes das Mauseloch auf den Boden. Die Gruppe wird in Füchse und Mäuse geteilt. Dann setzen sich alle Füchse in ihren Fuchsbau. Das Spiel wird mehrmals in unterschiedlichen Rollen gespielt.

Das kleine Mäuschen Pimpernell ist furchtbar schlau und auch sehr schnell.	*Die Mäuse laufen eilig kreuz und quer vor dem Mauseloch umher. Dabei schnuppern sie herum und setzen sich dann ins Mauseloch.*
Ein Fuchs sitzt vor dem Mauseloch,	*Die Füchse kommen aus ihrem Fuchsbau und setzen sich vor das Mauseloch.*
doch Pimpernell entwischt ihm noch!	*Die Maus läuft aus dem Mauseloch und entwischt dem Fuchs.*
Doch Pimpernell ist ziemlich schlau,	*Die Mäuse flitzen in den Fuchsbau.*
versteckt sich ganz schnell im Fuchsbau.	*Die Füchse suchen die Mäuse.*
Der schlaue Fuchs hätt' nie gedacht,	*Die Mäuse laufen aus dem Fuchsbau*
was Pimpernell für Sachen macht. Müde läuft er zum Bau zurück. Doch Pimpernell ist – welch ein Glück – schon lange wieder ausgerückt!	*Die Füchse gehen in den Fuchsbau zurück.*

Varianten

Mit Instrumentalbegleitung von der Spielleitung oder zwei Kindern. Fuchs: Becken, Maus: Klanghölzchen. An den entsprechenden Stellen werden die Instrumente gespielt.

Als auditives Wahrnehmungsspiel ohne Text: Der Fuchs und die Maus hören nur auf die Instrumente und müssen sich entsprechend der Handlung bewegen.

Hinweis Die Dynamik dieses Spieles erschließt sich erst, wenn es mit Kindern durchgeführt wird. Die Kinder schlüpfen immer wieder gerne in die verschiedenen Rollen des Fuchses und der Maus. Mit der Zeit werden sich vermutlich Vorlieben für eine der beiden Rollen herauskristallisieren.

Fortsetzung der Geschichte *Eines Abends, als sich die Mäusefamilie in ihrem gemütlichen Mauseloch aneinander kuschelte, erzählte die Mäusemutter vom Winter. »Liebe Kinder, das ist die schlimmste Jahreszeit«, sprach sie, »falls ihr im Winter einmal aufwacht, hütet euch davor, aus dem Mauseloch zu laufen! Ihr findet nicht mehr zurück und müsst in der Kälte und ohne Futter jämmerlich zu Grunde gehen.« »Das versteh ich nicht!«, rief Pimpernell vorlaut, »warum soll ich denn nicht mehr zurückfinden?« »Draußen liegt dann der Schnee so hoch!«, antwortete die Mutter und sie streckte ihre Mausearme so hoch sie konnte, bis sie an die Decke des Mauseloches stieß.*

»Aber was ist denn Schnee?«, fragte Pimpernell neugierig. »Schnee fällt in lauter weißen Flöckchen vom Himmel«, antwortete die Mutter, »und die Flocken legen sich aufeinander und dabei wird der Schnee immer höher und höher, sodass Mäuse darin versinken und nicht mehr herauskommen.«

»Aber dann ist der Schnee ja ganz weich, was ist denn daran so schlimm?«, fragte Pimpernell schon wieder. »Nun«, entgegnete ihm die Mutter, »der Schnee ist kalt und so etwas verträgt die stärkste Maus nicht! So, nun hast du mir schon ein Loch in den Bauch gefragt – wir wollen jetzt endlich schlafen!«

Aber Pimpernell konnte vor Aufregung nicht schlafen. Er nahm sich vor, im Winter heimlich aus dem Mauseloch zu schlüpfen, um den Schnee kennen zu lernen.

»Was macht die Maus den ganzen Tag?«

Sensomotorisches Wahrnehmungsspiel Impulsgespräch

Was macht Pimpernell den ganzen Tag? Beispielantworten: Körner futtern, laufen, spielen, klettern, piepsen, sich putzen, ausruhen.

Die Kinder suchen sich aus den verschiedenen Antworten drei heraus, die ihnen besonders gut gefallen. Zum Beispiel: sich putzen, Körner futtern, laufen.

Die Spielleitung legt nun verschiedene Instrumente in den Sitzkreis und die Kinder suchen passende Instrumente für die jeweiligen Tätigkeiten der Maus aus. Jetzt erhalten drei Kinder die Instrumente, sie stellen sich auf. Ein Kind ist der »Streichel-Dirigent« und stellt sich hinter die Instrumentalisten. Der »Streichel-Dirigent« streichelt einen Instrumentalisten so lange auf dem Rücken, wie dieser spielen soll. Die anderen Kinder sind Mäuse und reagieren auf die Instrumente mit den dazugehörigen Tätigkeiten.

Beispiel

Rasches Spiel auf Klanghölzchen:	*Die Mäuse laufen.*
Über das Fell einer Handtrommel streichen:	*Die Mäuse putzen sich.*
Feines Geräusch auf einer Raspel:	*Die Mäuse futtern Körner.*

Praxistipp

Die Spielleitung sollte zu Beginn darauf achten, dass der »Streichel-Dirigent« lange genug über den Rücken der Instrumentalisten streicht, da sonst die Mäuse nicht genügend Zeit für ihre Tätigkeiten haben.

Fortsetzung der Geschichte

Es dauerte nicht lange, da gab es für die Mäuse draußen nichts mehr zu tun. Denn alles war abgeerntet und die Vorratskammern der Mäusefamilie waren prall gefüllt. Nun konnte die Winterzeit beginnen. Die Mäuse machten es sich in ihrem Mauseloch gemütlich, hatten sie es doch mit Federn und Schafwolle ausgepolstert. Sie spielten und tanzten, sie futterten nach Herzenslust von ihren Vorräten und vertrieben sich die Zeit mit allerlei Schabernack.

Lied

»Das Verwandlungslied«

CD Nr. 14

Für Kinder ab 5 Jahre

Die Kinder stehen im Kreis. Ein Kind stellt sich in die Kreismitte und überlegt, welches Tier es pantomimisch darstellen will. Dann singen die Kinder das Lied und führen die entsprechenden Bewegungen aus. Am Schluss raten sie, welches Tier das Kind in der Mitte gespielt hat.

	Wir wollen spielen, eins-zwei-drei, und alle sind hier mit dabei.	*Bei »eins-zwei-drei« dreimal in die Hände klatschen.*
	Wir raten, welches Tier du bist.	*Jeder zeigt auf jeden.*
	Zeig, wie du läufst und Futter frisst.	*Auf das Kind in der Mitte zeigen.*
Verwandlungs-refrain	Dupsi-,	*1 x Hände klatschen.*
	dupsi-,	*Sich über Kreuz auf die Schultern tippen.*
	dups,	*1 x Hände klatschen.*
	piep-piep.	*Hände seitlich als Mauseohren an den Kopf und im Liedrhythmus einmal hin und einmal her drehen.*
	Welches Tier ist denn hier?	*Im Liedrhythmus mal mit der rechten, mal mit der linken Hand auf das Kind in der Mitte zeigen. Dieses spielt pantomimisch das von ihm ausgesuchte Tier.*
	Dupsi-, dupsi-, dups, piep-piep.	*s. o.*
	Welches Tier ist hier?	*s. o.*
	Das Lied mehrmals wiederholen.	

Praxistipp Die Kinder gehen zu zweit zusammen und suchen sich gemeinsam ein Tier aus, das sie zusammen pantomimisch darstellen wollen. Jedes »Tierpärchen« kommt einmal an die Reihe.

Für Kinder ab 2 Jahre

Die Kinder suchen sich ein Tier aus, das sie gerne darstellen wollen (zum Beispiel ein Känguru). Dies wird gemeinsam mit der Gruppe besprochen. Dann stellen sich 2 bis 3 Kinder in die Mitte. Das Lied wird mit folgendem Text gesungen:

Wir wollen spielen,	*Bei »eins-zwei-drei«*
eins-zwei-drei,	
und alle sind hier mit dabei.	*3 x Hände klatschen.*
Komm, zeig uns,	*Jeder zeigt auf jeden.*
welches Tier du bist	
und wie du läufst	
und Futter frisst.	

Verwandlungs-refrain

Dupsi-	*1 x Hände klatschen.*
dupsi-	*Sich über Kreuz auf die Schultern tippen.*
dups,	*1 x Hände klatschen.*
piep- piep.	*Hände seitlich als Mauseohren an den Kopf und im Liedrhythmus einmal hin und einmal her drehen.*
Welches Tier ist denn hier?	*Im Liedrhythmus mal mit der rechten, mal mit der linken Hand auf das Kind in der Mitte zeigen.*
Dupsi- dupsi- dups, piep- piep.	*s. o.*
Das Känguru ist hier!	*Die Kinder in der Mitte hüpfen während des Refrains als Känguru herum.*

Das Spiellied mehrmals wiederholen.

Spielangebot 2

»Schnee fällt!«

»Was macht die Maus den ganzen Tag?«

Einstimmungsspiel

Die Spielleitung nimmt die Ideen der Kinder vom Spielangebot »Was macht die Maus den ganzen Tag?« S. 113 auf und spielt mit den entsprechenden Instrumenten. Die Kinder reagieren mit der jeweiligen Bewegung.

Wiederholung der Geschichte

»Pimpernell, die Wintermaus«

»Das kleine Mäuschen Pimpernell«

Reim als Hand- und Partnerspiel

Die Kinder gehen zu zweit zusammen und setzen sich im Schneidersitz gegenüber. Eine Hand des einen Kindes bildet einen Fuchs, eine Hand des anderen Kindes eine Maus. Der »Fuchsbau« ist in der Kniebeuge des »Fuchskindes«, das »Mauseloch« ist in der Kniebeuge des »Mäusekindes«. Davor lauert der Fuchs.

Der Reim wird gesprochen und mit folgenden Bewegungen ausgeführt:

Das kleine Mäuschen Pimpernell ist furchtbar schlau und auch sehr schnell.	*Maus läuft eilig kreuz und quer. Sie schnuppert und knabbert.*
Ein Fuchs sitzt vor dem Mauseloch, doch Pimpernell entwischt ihm noch!	*Die Maus läuft zum Mauseloch zurück. Die Maus entwischt dem Fuchs.*
Doch Pimpernell ist ziemlich schlau, versteckt sich ganz schnell im Fuchsbau.	*Die Maus flitzt in den Fuchsbau (= Kniekehle des Fuchskindes)*
Der schlaue Fuchs hätt' nie gedacht, was Pimpernell für Sachen macht.	*Der Fuchs sucht die Maus. Die Maus läuft aus dem Fuchsbau in den Mäusebau.*
Müde läuft er zum Fuchsbau zurück. Doch Pimpernell ist – welch ein Glück – schon lange wieder ausgerückt!	*Der Fuchs geht in den Fuchsbau.*

Mehrmals mit Rollen- und Partnertausch wiederholen.

Fortsetzung der Geschichte

Eines Morgens war es auch im gemütlichen Mauseloch bitterkalt geworden und die Mäuse kuschelten sich bibbernd aneinander, um sich gegenseitig aufzuwärmen.
»Oh je, ich glaube, bald wird Schnee fallen«, meinte die Mutter. »Am besten wir machen jetzt unseren Winterschlaf und wenn wir aufwachen, dann steht die schöne Frühlingszeit vor der Tür. Seid ihr damit einverstanden?« Alle Mäusekinder piepsten zustimmend, nur eine Maus nicht. Das war Pimpernell. Pimpernell nahm sich nämlich fest vor, nicht einzuschlafen, damit er endlich einmal Schnee sehen kann.

Lied **»Das Schneelied«**

CD Nr. 13, PB Nr. 24

1	Vom Himmel fällt kein Regentropfen,	*Handflächen seitlich nach oben halten.*
	eisig bläst der Wind umher.	*Dynamische Handgeste über dem Kopf.*
	Die Mützen sitzen auf den Köpfen,	*Imaginäre Mütze aufziehen.*
	warme Kleider müssen her.	*Sich wohlig über die Arme streichen.*
Refrain	Denn jetzt, denn jetzt, jetzt ist es so weit,	*Im Liederhythmus klatschen und stampfen.*
	Schneeflocken fallen weit und breit.	*Kleine Fingerbewegungen, dabei die Hände von oben nach unten bewegen.*
2	Komm, schau doch mal zum Fenster raus,	*Links und rechts vom Gesicht mit gestreckten Händen ein Fenster bilden.*
	der Schnee bedeckt jetzt jedes Haus.	*Die Finger als Schneeflöckchen bewegen. Dann mit den Händen ein Dach über dem Kopf bilden.*
	Die Flocken weiß und zart und weich,	*Auf eine Handfläche schwebt eine Schneeflocke (andere Hand).*
	sie schmelzen auf der Hand sogleich.	*Fingerspitzen der Schneeflockenhand bewegen sich auf der Handfläche nach außen (= schmelzen).*
Refrain	Denn jetzt, denn jetzt, jetzt ist es so weit, Schneeflocken fallen weit und breit.	*s. o.*
3	Ja, Schlitten fahren, Schlittschuh laufen. Spielen wollen wir, nicht verschnaufen.	*Durch den Raum auf imaginären Schlittschuhen laufen.*

Bauen einen Schneemann dann, und stecken Knöpf' und Rübe dran. — *Mit den Händen einen Schneemann beschreiben. Sich selbst imaginäre Knöpfe und eine Rübe hineindrücken.*

Refrain Denn jetzt, denn jetzt, jetzt ist es so weit, Schneeflocken fallen weit und breit. — *s. o.*

Impulsgespräch über Schnee Die Kinder sprechen über ihre Erlebnisse mit Schnee, wie Schnee sich anfühlt und wie er auf verschiedene Arten vom Himmel fallen kann.

Spielangebot 3

»Pimpernell, die Wintermaus«

Wiederholung der Geschichte ***»Pimpernell, die Wintermaus«***

Lied ***»Das Verwandlungslied«*** siehe Seite 114, CD Nr. 14

»Das kleine Mäuschen Pimpernell«

Reim als Klanggeschichte Die Kinder sind in zwei Gruppen aufgeteilt. Die »Mäusegruppe« hat Klanghölzchen und die »Fuchsgruppe« Becken und Metallofon-Klangbausteine (= Metallinstrumente). Die Spielleitung hilft bei den jeweiligen Einsätzen durch gestische Aufforderung.

Das kleine Mäuschen Pimpernell ist furchtbar schlau und auch sehr schnell.	*Rasches Spiel auf den Klanghölzchen.*
Ein Fuchs sitzt vor dem Mauseloch,	*Spiel auf den Metallinstrumenten.*
doch Pimpernell entwischt ihm noch!	*Rasches Spiel auf den Klanghölzchen.*

Doch Pimpernell ist ganz schön schlau, versteckt sich ganz schnell im Fuchsbau.	*Rasches Spiel auf den Klanghölzchen.*
Der schlaue Fuchs hätt' nie gedacht, was Pimpernell	*Spiel auf Metallinstrumenten.*
für Sachen macht. Müde läuft er zum Fuchsbau zurück.	*Langsames Spiel auf Metallinstrumenten.*
Doch Pimpernell ist – welch ein Glück – schon lange wieder ausgerückt!	*Rasches Spiel auf den Klanghölzchen.*

Anschließend Instrumententausch.

»Pimpernell, die Wintermaus«

Entspannungsphase und Fortsetzung

Die Kinder liegen mit geschlossenen Augen am Boden. Die Spielleitung erzählt die Geschichte weiter und begleitet sich zu den passenden Stellen auf einem Metallofon oder auf einem Sixflat und einer Handtrommel.

Die ganze Mäusefamilie fiel in den wohlverdienten Winterschlaf. Auch Pimpernell fielen schließlich die Augen zu, so müde war er vom vielen Essen, Tanzen und Singen. Er träumte, dass eine wunderschöne große Schneeflocke vom Himmel schwebte und ausgerechnet auf seinem Kopf landete. Pimpernell schaute staunend durch die Schneeflocke in den Himmel. Alles glitzerte und funkelte, weil die Sonnenstrahlen hindurchschienen. Doch plötzlich lief Pimpernell Wasser in die Augen, in die Ohren und in die Nase, denn die Schneeflocke fing an zu schmelzen. Er schüttelte sich erschrocken im Traum und wachte auf.

Die Kinder setzen sich wieder auf.

Pimpernell sah seine Mausefamilie friedlich schlummern, nutzte die Gelegenheit und lief zum Ausgang des Mauseloches. Doch wie stutzte er, denn der Ausgang war verschlossen!

Pimpernell machte sich sofort an die Arbeit und begann zu nagen und mit seinen Pfoten zu graben. Er staunte nicht schlecht, als seine Mauseschnauze und seine Pfoten eiskalt wurden. »Uih!«, rief er begeistert, »das muss Schnee sein!« und wühlte sich durch den Schnee, bis er ins Freie schlüpfen konnte. Draußen war Pimpernell sprachlos: Die Welt hatte sich auf wunderbare Weise verändert! Alles war weiß und an den Ästen und Sträuchern hingen glitzernde Eiszapfen.

Lied ***»Das Schneelied«*** siehe Seite 118, CD Nr. 13 PB Nr. 24

Austeilen der Instrumente

Übergang Die Spielleitung legt die Instrumente (Sen-plates, Triangel, Becken in verschiedenen Größen, Zimbeln, Glöckchen, Metallofon-Klangbausteine, Glockenspiel, Klanghölzchen) in die Mitte des Sitzkreises. Dann tippt sie jedes Kind in beliebiger Reihenfolge an. Die jeweils angetippten Kinder suchen sich ein Instrument aus der Kreismitte und setzen sich wieder an ihren Platz. Wiederholen, bis jedes Kind ein Instrument hat.

»Eiszapfen-Musik«

Instrumental- und Improvisationsphase Die Kinder sitzen mit ihren Instrumenten im Kreis. Sie schließen die Augen. Ein Kind, als »Antipp-Dirigent«, stellt sich hinter die Kinder im Kreis und tippt die anderen Kinder in beliebiger Reihenfolge an.

Werden die Kinder angetippt, fangen sie an zu spielen. Werden sie wieder angetippt, hören sie auf. Nach jedem Durchgang werden die Instrumente in einer festgelegten Richtung im Kreis an den Nachbarn weitergegeben. Insgesamt mehrmals wiederholen, bis jedes Kind an der Reihe war.

Übergang Einsammeln der Instrumente. Siehe oben, jedoch werden die Instrumente in die Kreismitte gelegt.

Spielangebot 4

»Pimpernell wird gerettet!«

Wiederholung der Geschichte

»Pimpernell, die Wintermaus«

Fortsetzung der Geschichte

Pimpernell war begeistert und ließ sich in den Schnee fallen. Da lag er nun und fand, dass der Schnee eigentlich gar nicht kalt war. Er begann mit den Armen und Beinen wild herumzuzappeln.

»Schneeabdrücke«

Bewegungsspiel

Die Kinder legen sich auf den Bauch oder Rücken und bewegen ihre Arme und Beine in beliebigen Stellungen so, dass sie immer wieder den Boden berühren.
Die Spielleitung betrachtet die Bewegungen, ermuntert und lobt. Dann werden verschiedene Ideen der Kinder von den anderen nachgeahmt und besprochen, wie sie aussehen.

Fortsetzung der Geschichte

Auf einmal stand Pimpernell auf und betrachtete seine Zappelspuren im Schnee. Er fand, sie sahen aus wie ein Adler oder wie ein stolzer Pfau, der gerade mit seinen Schwanzfedern ein Rad schlägt.
Doch da hatte Pimpernell plötzlich eine verrückte Idee. Aus dem Stand heraus sprang er so weit er konnte und machte sich dabei ganz klein und rund. Als er auf dem Schnee aufkam, machte es »Ratsche-platsch!« und er versank wie eine Schneebombe tief im Schnee.

»Schneebombe«

Bewegungsspiel

Die Spielleitung spricht mit den Kindern über »Wasserbomben« (mit Wasser gefüllte Luftballons) und »Bügelbrettbomben« (am Beckenrand abspringen und möglichst gestreckt ins Wasser platschen) im Schwimmbad und wie wohl eine »Schneebombe« geht. Gemeinsam wird mit weichen Sportmatten der »Schnee« bereitet.

Ergänzende Spielideen

Folgende Ausführungsmöglichkeiten sind möglich:

- Die Kinder stehen in einer Reihe und auf ein Signal hin springt immer das vorderste Kind aus dem Stand auf die Matten.
- Die Kinder stehen am Rand und auf ein Signal hin springen sie gleichzeitig in die Mitte der zusammengelegten Matten.
- Immer ein Kind klettert auf die Sprossenwand und lässt sich auf ein Signal hin auf eine weiche Sportmatte fallen.
- Das Kind, das gesprungen ist, darf das Signal für den nächsten Sprung spielen (zum Beispiel auf einer Triangel).

Fortsetzung der Geschichte

Pimpernell landete weich und war begeistert. Sofort wollte er noch einmal springen und schaute aus dem Sprungloch nach oben in den blauen Himmel. Er begann aus dem Loch herauszuklettern, aber das war leichter gesagt als getan. Ständig rutschte er aus und wurde mit weichem Pulverschnee bedeckt. Schließlich erkannte er, dass er einfach nicht vom Fleck kam und dass er in der Falle saß. »Was mach ich nun?«, bibberte er und wusste nicht, ob er nun aus Angst oder vor Kälte zitterte.
Doch Pimpernell gab nicht auf. »Wenn ich nicht hochklettern kann, dann probiere ich, mich wenigstens durch den Schnee zu graben«, dachte er und begann gleich mit der Arbeit.
Doch nach kurzer Zeit taten Pimpernell die Pfoten vor Kälte so weh, dass er eine Pause einlegen musste. Da hörte er ein vertrautes Piepsen: »Piep, piep! Pimpernell, wo bist du?«, hörte er die Stimme seiner Mutter. »Piep, hier Mama, hier!«, antwortete Pimpernell erleichtert. »Piep weiter, Pimpernell, ich höre, wo du bist, grabe mich zu dir hindurch!«, piepste seine Mutter zurück und Pimpernell piepste so lange, bis seine Mutter ihn endlich in ihre Arme schließen konnte.

»Pimpernell, wo bist du?«

Auditives Wahrnehmungsspiel

Die Kinder bilden mit gefassten Händen einen Kreis. Ein Kind ist Pimpernell, das andere ist die Mäusemutter bzw. der Mäusevater. Nun werden ihnen die Augen verbunden. Dann dreht die Spielleitung die beiden einige Male um sich selbst und Pimpernell beginnt zu piepsen. Dabei können sich Pimpernell und die Mäusemutter im Schutz des Kreises bewegen. Berührt die Mäusemutter ein Kind aus dem Kreis, sagt das Kind »Schnee«. Findet die Mäusemutter Pimpernell, so rufen alle Kinder »Pimpernell!« Rollentausch.

1. Spielvariante Die Kinder setzen sich an den Rand eines Schwungtuches. Pimpernell und der Mutter sind die Augen verbunden. Sie kriechen an einer beliebigen Stelle, jedoch ausreichend voneinander entfernt, unter das Schwungtuch. Nun versucht die Mutter, Pimpernell zu erreichen, indem Pimpernell ständig piepst. Die Mäuse bewegen sich nur auf allen vieren unter dem Tuch fort.

2. Spielvariante Pimpernell bleibt an einem Platz unter dem Tuch sitzen und spielt auf einem Instrument, z. B. Klanghölzchen. Der Mutter werden die Augen verbunden. Spieldurchführung ansonsten wie oben.

Fortsetzung der Geschichte

Glücklich liefen sie durch den Schneetunnel zurück zum Mausenest und Pimpernells Mutter deckte ihn mit dicker, weicher Schafwolle zu. Glücklich schauten sich die beiden an und Pimpernell fragte: »Mama, wie hast du eigentlich gemerkt, dass ich aus dem Mauseloch rausgelaufen bin?« »Na«, antwortete seine Mutter, »ich hab ganz nasse Füße bekommen, weil der Schnee in unser Loch gefallen ist, als du rausgekrochen bist. Und dort ist er geschmolzen. Das war dein Glück, kleiner Pimpernell, denn lange hättest du es in der Kälte nicht mehr ausgehalten. Stimmt's?« »Du hast Recht«, meinte Pimpernell kleinlaut. »Ich hätte auf dich hören sollen. Aber Schnee ist doch was Tolles! Und beim nächsten Mal, Mama, werde ich mir Schneeschuhe basteln und kann dann auf dem Schnee herumlaufen.« »Wenn du meinst«, antwortete Pimpernells Mutter und hoffte insgeheim, dass er diese Idee bis zum nächsten Winter vergessen würde, »aber jetzt ruh dich erst

mal aus und freu dich auf den Frühling. Dann haben wir Mäuse ein leichteres Leben.« Sie gab Pimpernell einen Kuss auf sein rosa Mauseschnäuzchen und kuschelte sich zu ihm, damit er es schön warm hatte.
Aber aufgepasst liebe Kinder: Wenn ihr im Winter eine Maus seht, die durch den Schnee läuft, dann ist das bestimmt Pimpernell, der vom Schnee nicht genug bekommen kann!

»Durch den Schneetunnel«

Bewegungsspiel

Die Spielleitung verwendet mehrere Reifen, die in einer Halterung senkrecht stehen und nach Bedarf mit weißen Tüchern als Schnee bedeckt werden. Als Alternative eignet sich auch ein gekaufter Reifentunnel oder große geöffnete Kartons, die aneinander gestellt werden. Die Kinder gehen paarweise zusammen und die Mäusemutter oder der Mäusevater bekommt ein Seil als Mauseschwanz angesteckt. Dann geht die Mutter (oder der Vater) an eine Seite des Tunnels und Pimpernell auf die andere Seite. Die Mutter kriecht durch den Tunnel und holt Pimpernell ab. Dieser wird nun mit geschlossenen Augen durch den Tunnel zum Mausenest geführt, indem er mit einer Hand das Ende des Mäuseschwänzchens der Mutter oder des Vaters festhält. So lange wiederholen, bis jedes Mausepärchen durchgekrochen ist.

Praxistipp

An einem Ende des Tunnels (an dem die Mutter / Vater ist) wird ein gemütliches Mausenest mit Decken und Kissen ausgebreitet. Die Mäusepärchen können es sich dann dort so lange gemütlich machen, bis alle Pimpernells von der anderen Seite geholt wurden.

Ruhephase

Die Kinder liegen mit geschlossenen Augen im Mausenest und die Spielleitung kann sie mit folgenden sensorischen Angeboten verwöhnen.
- Improvisation auf einem Metallofon oder Sixflat.
- Mit einem Seidentuch über die Kinder streifen.
- Mit einer Feder über Gesicht, Hände, Hals & Füße streifen.

Literatur

Edleditsch, H. (1999): Entdeckungsreise Rhythmik. Grundlagen, Modelle und Übungen für Ausbildung und Praxis. München: Don Bosco Verlag

Hirler, S. (Neubearb. 2003): Wahrnehmungsförderung durch Rhythmik und Musik. Freiburg: Verlag Herder

Hirler, S. (2002): Wie tanzt der Mond? Fantastische Geschichten mit Musik, Spiel und Tanz erleben. Buch und CD. Seelze: Kallmeyersche Verlagsbuchhandlung

Hirler, S. (2001): Hämmern, Tippen, Feuerlöschen. Mit-Spiel-Aktionen, Geschichten, Lieder und Tänze rund um die Berufswelt. Münster: Ökotopia Verlag

Hirler, S. (1999): Weiche Tatze – Schmusekatze. Rhythmisch-musikalische Lieder, Reime und fantasievolle Spiele. Dortmund: Igel-Records / Aktive Musik

Hirler, S. (1998): Kinder brauchen Musik, Spiel und Tanz. Münster: Ökotopia Verlag

Hirler, S. / Penz, E. (1995): Rhythmikspiele – Hand und Fuß, die können tanzen. Seelze: Kallmeyersche Verlagsbuchhandlung

Peter-Führe, S. (1997): Rhythmik für alle Sinne. Ein Weg musisch-ästhetischer Erziehung. Freiburg: Verlag Herder

Schäfer, G. (1992): Rhythmik als interaktionspädagogisches Konzept. Remscheid

Stabe, E.-R. (1996): Rhythmik im Elementar-, Primär- und Sonderschulbereich. Bern: Haupt Verlag

Tonträger

Hirler, S. (2003) CD und MC: Piraten-Lili auf großer Fahrt. Lieder und Reime zum Buch Wahrnehmungsförderung durch Rhythmik und Musik. Jumbo Medien, Hamburg

Hirler, S. (1998) CD: Kinder brauchen Musik, Spiel und Tanz. Lieder, Reime, Tänze, Bewegungsmusiken. Münster: Ökotopia Verlag

Hirler, S. (2001) CD: Hämmern, Tippen, Feuerlöschen. Lieder, Tänze und Geschichten rund um die Berufswelt. Münster: Ökotopia Verlag

Hirler, S. (1999) CD und MC: Weiche Tatze – Schmusekatze. Rhythmisch-musikalische Lieder, Reime und fantasievolle Spiele. Dortmund: Igel-Records / Aktive Musik